传奇如谜

梁卫星

著

有 态 度 的 阅 读

小马过河(天津)文化传播有限公司

目 录

自序　一次破解传奇之谜的侦探 // 1

缘起　迷雾重重的传奇 // 5

第一章
最好的教育

良好的家教 // 002

激发问题意识的自由读物 // 026

非凡的朋友群 // 034

奋发向上的时代精神 // 048

四年修行 // 053

第二章
北大七年

迷雾重重的思想转型 // 068
《东西文化及其哲学》// 100
在北大的生活 // 114

第三章
曹州办学与乡村建设

离开北大的原因 // 128
渡过精神危机 // 152
乡村建设理论 // 166
乡村建设运动 // 176

第四章
抗日战争与内战期间

访问延安 // 197

巡视游击区 // 200

团结统一工作 // 207

国共内战 // 214

第五章
一本书：《人心与人生》

第六章
梁漱溟对同时代人的评价

袁世凯 // 234

蒋介石 // 236

冯玉祥与韩复榘 // 238

蔡元培 // 240

陈独秀与胡适 // 242

康有为 // 244

梁启超 // 245

章行严 // 247

晏阳初与陶行知 // 248

黄炎培 // 249

卢作孚 // 250

张东荪与张君劢 // 253

熊十力 // 253

第七章
尾声

究元决疑生死以 // 260

后记 // 268

自序　一次破解传奇之谜的侦探

写梁漱溟是一个意外。

以我以前对近现代中国知识分子的偏见浅识，以及看过的梁漱溟的零散文章，还有不知从哪里听来或看到的一些关于他的传说故事，我对这个人没有太大兴趣。我心心念念的，是写一本独一无二的《鲁迅传》。然而，我不敢为鲁迅作传，因为他太复杂也太深刻，太悖反也太直接，不是渺小肤浅如我可以贸然动笔的。于是，在世存先生约我为人作传，传主除却三两亦不甚熟悉的中外人物，便是鲁迅、梁漱溟时，我其实没有了选择，抱着只要不是写鲁迅，写谁都是一样的想法，我决定写梁漱溟。

当我看完浩浩八卷本的《梁漱溟全集》和十多本梁漱溟传记后，我喜欢上了这个人。这个人在我看来思想绝不深刻，人生更不复杂，却是我所知的所有中国先贤中，最具正大明朗气象的人。他思想不算太深刻，却有着中国人罕见的创造力与思辨力；他的人生不算太复杂，却精彩纷呈，转折迭起。就是这样一个人，因时代的吊诡，被蒙上了一层厚厚的迷雾，让人走之不进，识之不清。为其作传，并非易事。

我一边看着梁漱溟本人以生命实践写就的文字，一边看着那些详细全面的梁漱溟传记，还有一些关于梁漱溟人生传奇的短篇赞歌，总感觉这些传记和赞歌与梁漱溟在他自己文字中所展示出的正大明朗气象非常割裂。这些传记与赞词无法让我认识真实的梁漱溟，反而让我觉得离梁漱溟越来越远。于是，我得出一个结论：正是这些关于梁漱溟的文字，在时代的尘封之外，又给梁漱溟的百年人生涂上了一层厚厚的油垢，使得人们对梁漱溟的认识与理解更加如雾里看花，似是而非。

我尊重自己的直觉，抛开一切关于梁漱溟的传记与歌颂文字，再次沉浸于梁漱溟本人的文字之中，我因此产生了写这个人百年成长的史诗篇章的冲动。我知道我的性情，适合写这样心灵发育与人格成长的传记。我想起了余世存先生的《老子传》和赫尔曼·黑塞的《悉达多》，那是我一生永远心仪的成长史诗，我想梁漱溟配得上这样的史诗传记。但我没有办法动笔，一则我深知这样的成长史诗，需要百科全书式的知识架构，肤浅如我，虽性情相合，却气局不足。更何况创作这样的史诗，绝非短时间内可成，而我时间有限，只能把这种冲动压制下去。

那么，以一般性的传记体例，又怎么可能把梁漱溟的人生写尽呢？更何况我还缺乏传记创作的一个重要环节：对相关人士的采访。经过很长时间的思考，我最终决定，把这个传记变成一个破解梁漱溟人生之谜的学术侦探工作，旨在拨除清扫百年来覆盖于梁漱溟生命之上的层层厚饰，解释梁漱溟在生命重要关口的种种选择，还梁漱溟以真实面目，让人们认识一个比传奇更伟大更浩荡的生命。

这就是我写本书的心路历程与缘起。是为序。

缘起 迷雾重重的传奇

1988年6月23日,梁漱溟逝世,享年95岁。那是不可磨灭的一刻,当时梁钦宁就在梁漱溟身边。他听到祖父说:"我很累,我需要休息。"梁钦宁没有想到,这是他祖父留给世人的最后一句话。是的,梁漱溟累了,他需要休息!哲学家张岱年由此感喟道:"大哉死乎!君子息焉。"他道出了这个人的生之庄严与死之从容!当然,张岱年的这种感受与正见是极其个人化和稀有的，对于梁漱溟的大多数知者与识者而言，以及对于更后来的人而言，梁漱溟不过是一个时代的象征性人物，他的人生即使堪为传奇，也不过是满足了我们活在当下的消费欲与好奇心。我们惊异于他不畏强权的刚正，奇怪于他不顺随时势的怪诞，叹息一番，感慨一番，而后不知所谓地摇摇头，依旧投入世俗的洪流，做我们的"圣之时者"。我们很少有人思考追索过梁漱溟言与行的连续性，更无意与无能把他和我们的生活联系起来，让他深入我们的人生，从而完善我们的生活。

梁漱溟之死似乎成了他传奇的开始。1988年6月23日，也就是他逝世当晚，中央电视台作了报道。次日，《人民日报》《人民政协报》《中央盟讯》均有专门报道。1988年7月7日，中央电视台播放了遗体告别仪式，时任全国政协主席李先念鞠躬致敬。当时全国党政要人和学界宿老都送了花圈。1988年7月8日,《人民日报》《光明日报》《北京日报》《人民政协报》都报道了"梁漱溟遗体告别仪式在京举行",称其"一代宗师,诲人不倦;一生磊落,宁折不弯"。各大报刊发表了相关文章,中央人民广播电台还播出了《梁漱溟先生生平》。海外一时之间也同悲同叹,悼念频传。梁漱溟死后的备极哀荣,就其特殊的政治身份而言,不能不说是一个异数。此后,关于梁漱溟的传记不断涌现,他一生中的许多言行广为流传。

事实上,梁漱溟活着的时候,就已经成了传奇。一方面是因为他的人生有许多瞬间的确太过火爆,非平常人有胆有量有识所能为,也的确无君子大人精英敢为,且在我等后生晚辈对那个时代的粗浅了解中,他的每一次作为,重则可能招致杀身之祸,轻则可能永远被打入另册不得翻身。

另一方面,梁漱溟本人对他人生的自我解读也增加了他人生的传奇色彩。比如他多次撰文或演讲,提到他由实用主义转至佛家出世思想,再转至儒家思想的三次思想转变和人生的"四不料"——一不料由厌恶哲学而到大学讲哲学,终被人视为哲学家;二不料自幼未读四书五经,而后来变为一个拥护儒家思想、赞扬孔子的人;三不料自己几代人都生长在都市,而成为从事乡下工作、倡导乡村建设运动的人;四不料乡村建设运动竟然与民众教育,或说是与社会教育为一回事。这种思想转变与人生遭际自然有着充分的时代因缘与人生业报,然而,对于习惯了咀嚼稀奇的人们来说,这只能用传奇来说明了。

是的,梁漱溟的人生的确堪称传奇。然而,传奇并非不可解释,他的骨气,他的不随大流,他的特立独行,他复杂的人生遭际,无不其来有自,那种视之为天赋异禀或怪哉奇也的说法虽然方便，那种仅仅把这丰富繁复的人生简化为道德楷模的做法虽然省事，却既非梁漱溟所愿，也不能给我们的人生以正当正大的教化。我们这个种族从来都习惯于俯视弱者、仰望强者，不知圣贤败类、英雄盗匪，其实无不出自我们之中。我们无能以平等平常的眼光看待我们之中的异类，不知他们从我们之中走出也终将返归我们，我们因此无能理解他们从我们之中的出走也无能接纳他们面向我们的返回，我们于是变得越来越平庸。试以梁漱溟为例，他从我们之中走出来，似乎有着太多的不可思议，如他以中学学历而跻身当时大师如林的思想文化中心北京大学（以下简称"北大"），弃北大优裕教职去山东辛苦办学，年不及二十却几度自杀而后转眼之间信了佛法，终身信仰佛法却又追求社会主义在中国的实现……梁漱溟一生这样出人意料、看起来不大合乎日常逻辑的行迹，数不胜数，即使是他自己也有过人生意外的表述，但传奇实在是最好的定论，它解释了一切又什么都无须解释。因此，笔者试图拨开这传奇表面的伪饰与油彩，走进梁漱溟的人生，也愿笔者的这份努力能使梁漱溟非凡独异的人生融入我们久已世故的骨血。

  附：本书将会大量引用梁漱溟的言论与文章，特别是关于乡村建设的分析。因引述较多，不再一一注明，特兹声明。引文均来自《梁漱溟全集》（全八卷，山东人民出版社，2005年2月）。

第一章

最好的教育

良好的家教

1917年后的北大，得蔡元培先生气度恢宏之治理，思想自由，兼容并包，广罗天下人才，一时之间，精英荟萃，群星璀璨，短短几年，就开创了中华民族自春秋战国百家争鸣以来最为伟大的文化创造时代。这些我们后人仰之弥高的大师先贤，概括起来说，无非两类人：一类是留学海外的海归，比如陈独秀、胡适、鲁迅、周作人等新派人物；另一类则是国学根基深厚的老派人物，比如林纾、辜鸿铭等。这些人有的刚到北大时宝剑藏锋，平平无奇，实则学贯中西，不久即在时代的召唤下光芒万丈；有的则早已盛名远播，堪为某个领域的一代宗师。

梁漱溟1917年初到北大任教时，年仅24岁，更为让人不可思议的是，他既非海归学子，胸罗万有；也非国学宏博，天纵之才。恰恰相反，梁漱溟多次说自己是一个很笨的人，也没有读过那一代人都读过的私塾。他7岁入福建人陈荣办的中西小学堂，学的是中英双语，中文的教材不是四书五经，而是白话版的《地球韵言》，内容顾名思义即可了然。8岁因闹义和团，英文不能学了。9岁入南横街公立小学堂，10岁改入蒙养学堂，12岁开始在家里读书，教书先生叫刘讷，13岁下半年到14岁上半年，进江苏小学堂。这是梁漱溟的全部小学经历，这些小学都是当时的新式学校，老师都是有新思想的人，所以梁漱溟虽然终身为儒学鼓与呼，实则他在求学阶段根本就没有读过那代人从小就必读的四书五经。加之整个小学阶段又读得断断续续，可以说既不可能受到基本的西方学术训练，也不可能打下坚实的国学根底。

此后是五年半的中学生活，所进学校是顺天中学堂，从顺天中学堂毕业后，他就直接步入了社会，并没有想过读大学或出国。后来有人因为梁漱溟以中学学历入北大教书的神奇经历，便想当然地编了一个励志故事，说梁漱溟中学毕业后报考北大落榜而大受刺激，发愤图强一定要进北大教书，最终凭借自学完成了心愿。结果被梁漱溟毫不领情地否认了。

考诸梁漱溟的最高学历，不过类似于当今的一介高中毕业生，他之所以能到北大任教，完全得益于他此前写的一篇文章《究源决疑论》获蔡元培肯定——多年后，梁漱溟自认这是一篇不好的习作。然而，梁漱溟在蔡元培和陈独秀的支持下，走上了北大的讲台，他这一教就是七年。在这七年内，他创作了《东西文化及其哲学》一书，一时成为闻名全国的学术明星。

梁漱溟能到北大教书，此后又能借助这个平台自我成全，成为一代宗师，得益于他曾经所享有的比他同时代任何人都更为理想的教育——培养自学能力的教育。他一生的学术、思想、人生践履，无不深深扎根于这培养自学能力的理想教育之中。

首先，梁漱溟有一个伟大的父亲。"遂成我之自学的，完全是我父亲。"梁漱溟回忆他父亲时说，"吾父是一秉性笃实底人，而不是一天资高明的人。他作学问没有过人的才思，他作事情更不以才略见长。他与母亲一样天生的忠厚,只他用心周匝细密,又磨炼于寒苦生活之中,好像比较能干许多。他心里相当精明,但很少见之于行事。他最不可及处,是意趣超俗,不肯随俗流转,而有一腔热肠,一身侠骨。因其非天资高明底人,所以思想不超脱。因其秉性笃实而用心精细,所以遇事认真。因为有豪侠气,所以行为只是端正,而并不拘谨。他最看重事功,而不免忽视学问。前人所说'不耻恶衣恶食,而耻匹夫匹妇不被其泽'的话,正好点出我父一副心肝。——我最初的思想和作人,受父亲影响,亦就是这么一路(尚侠、认真、不超脱)。"

显然,在梁漱溟眼中,父亲梁济并不是一个天赋极高的人。他认为父亲给自己的主要是人格示范式的教育。他后来多次自我检讨思想中的实用主义或事功倾向,都将之归为受父亲的不良影响。

实际上，梁济给梁漱溟的教育当然远不止人格示范，至于所谓实用主义不良倾向云云，其实更有身在此山中的迷误嫌疑，考诸梁漱溟的一生，应当作辩证的分析，后文将专此讨论，此不多言。

梁济给梁漱溟最珍贵的人生大礼是自由和平等。

"父亲对我完全是宽放底。小时候，只记得大哥挨过打；这亦是很少的事。我则在整个记忆中，一次亦没有过。但我似乎并不是不'该打'底孩子。我是既呆笨，又执拗的。他亦很少正言厉色地教训过我们。我受父亲影响，并不是受了许多教训，而毋宁说是受一些暗示。我在父亲面前，完全不感到一种精神上的压迫。他从未以端凝严肃的神气对儿童或少年人。"

"十岁前后（七八岁至十二三岁）所受父亲的教育，大多是下列三项。一是讲戏，父亲平日喜看京戏,即以戏中故事情节讲给儿女听。一是携同出街,购买日用品,或办一些零碎事;其意盖在练习经理事物,懂得社会人情。一是关于卫生或其他的许多嘱咐;总要儿童知道如何照料自己身体。例如:正当出汗之时,不要脱衣服;待汗稍止,气稍定再脱去。不要坐在当风地方,如窗口门口过道等处。太热或太冷的汤水不要喝,太燥太腻的食物不可多吃。光线不足,不要看书。诸如此类之嘱告或指点,极其多;并且随时随地不放松。"

"还记得九岁时,有一次我自己积蓄底一小串钱(那时所用铜钱有小孔,例以麻线贯串之),忽然不见。各处寻问,并向人吵闹,终不可得。隔一天,父亲于庭前桃树枝上发见之,心知是我自家遗忘。并不责斥,亦不喊我来看。他却在纸条上写了一段文字,大略说:一小儿在桃树下玩耍,偶将一小串钱挂于树枝而忘之。到处向人寻问，吵闹不休。次日，其父亲打扫庭院，见钱悬树上，乃指示之。小儿始自知其糊涂云云。写后交与我看，亦不作声。我看了，马上省悟跑去一探即得，不禁自怀惭意。——即此事亦见先父所给我教育之一斑。"

从这些回忆可以看出，梁济虽非教育家，却深谙教育之道，他一方面对孩子的日常生活习惯严格要求；另一方面，在情感、心志与思想教育上却顺其自然，以讲故事、设置生活情境及平等交流的方式让孩子自我领悟。他给予孩子以自我教育、自由成长的最大空间。据梁漱溟回忆，在他的少年时代，父子二人经常交流对社会时事、国家前途的看法，开始的时候，两人意见完全一致，父亲称儿子为"肖吾"，后来儿子和父亲意见相左了，两人则经常争得面红耳赤。以致在梁济投水自杀后，梁漱溟在《思亲记》中痛悔自己当时的"词气暴慢……悖逆无人子礼"。

即使像结婚这样的人生大事，梁济也不愿勉强儿子，虽则他内心极其痛苦。梁漱溟19岁的时候，不愿娶妻，发愿出家信佛，他母亲重病不起，行将魂归天国，"开喻叮咛，情词切切"，而梁漱溟居然依旧不改初衷，甚至连安慰权宜性的承诺都不愿说，而梁济竟然也只是一旁独坐不语，只是第二天以书示之："汝母昨日之教，以衰语私情，堕吾儿远志；失于柔纤委靡，大非吾意。汝既不愿有室，且从后议。不娶殆非宜，迟早所不拘耳。"然而，梁济这种视孩子人格与自己绝对平等的教育和交流方式，正是梁漱溟思想与人格早成的根本原因。他在与父亲平等相处尊重相交自由往还中早早建立起了牢不可破的人格自信与思想自尊，梁漱溟说他十三四岁时就已经有了相当明确的价值观和独立的思想意识，实是其来有自。

当然，给孩子以绝大的自由空间，很多时候，易导致放任，但梁济以自己的身教做到了良好的人格示范，做到了使儿子在自由的成长中始终能以人生向上为旨归，不致走向邪路。梁济为人急公好义，扶危济困，有始有终。梁济一生曾为好几家亲戚朋友抚孤养寡，他这么做时并非只是给予经济援助，而是将对方全家接到自己家中，为之筹措生活与教育资金，且安排好孩子的整个学习之路。后来的国民党元老张耀曾诸兄妹即是在丧父之后为梁济抚养就学。另一位给梁漱溟极大人格示范的父执彭翼仲先生办报时缺少资金，梁济则冒着倾家荡产的风险把全部家当都给了后者。梁济一生好为他人着想，这在他临死前的行为中淋漓尽致地表现了出来。梁济久蓄死志，临死之前，特意去还了一家债款，送了一家生日祝寿礼金，买了画册送给侄孙女梁培肃。梁济更是一个忧虑国事、关心民生的人，他讨厌那种只知经营自己人生的自了汉，切切叮嘱孩子们要有担当意识，他的身上彰显着中国传统士大夫以天下为己任的文化道统，而他所生活的时代却国势日衰，文化沦落，道统凌迟，梁济内心的痛苦是难以言喻的。他寄希望于那些大人先生们，但大人先生们总是清谈误国，并无实际的事功能力，这是他讨厌中国传统文学艺术，倾向于能经纶事务的实用主义的根本原因。他本人也力求以微薄之力效匹夫天下之志。他时常和孩子们谈论家国时势，致书失意名臣孙毓汶，多次拜访梁启超，都有不能自已的衷肠。至于他亲自编写剧本，访问通人研究世界大势，随以所闻札记之，关注维新立宪，支持彭翼仲办报，切切只为唤醒民智，真可谓饥溺恻怛，精诚志苦。梁漱溟说他"抑郁孤怀，一世不得同心，无可诉语者"。也正是因此，他的自杀，可谓这种忧患意识的极致体现。表面虽为殉清，实为殉一种曾经辉煌的道统，是献给一种伟大气节的祭礼。"国性不存，国将不国。必自我一人殉之，而后让国人共知国性乃立国之必要……我之死，非仅眷恋旧也，并将唤起新也。"他遗书上对"国性"的呼唤显然并非为清朝招魂，梁漱溟后来发愿为孔子说法开喻，就其从小未习诵四书五经而久炙开化思潮看似不可思议，实则深深扎根于梁济为之焦灼终身的时代痛感与慷慨赴死的深切呼唤中。

尽管梁济对梁漱溟几乎可以说是完全放任不管，但其高风古节为梁漱溟日常熏染，不仅在一个人最易感染恶习的少年时代使梁漱溟断绝了邪气魔性，而且自自然然地接受了人生自当向上的观念，做人落实于个体自身要道德自律无愧于心，落实于社会族类要怀抱远大切忌自了混世，做事要深思熟虑绝不怯于行动。梁漱溟的一生正是如此不断向上的。所谓最重要的教育即是家教，即是做人的教育，于此可见一斑。而梁漱溟后来对教育的理解使他断然在声名如日中天时自动离开北大到山东去办学及至搞乡村建设运动，又把他一生的事业定位于教育运动，其乡建教育的宗旨落归于"人生向上，伦理情谊"，试图于行动交往之中改变"国性"当从少年时就埋下了种子。那是瓜熟蒂落的行为，有着深刻的人生因缘与心理轨迹，尽管在他人看来多不可理解。而梁济死前和梁漱溟的对话更像是一种责任的交接。梁济说："这个世界会好吗？"梁漱溟说："我相信世界是一天天往好里去的。"梁济说："能好就好啊！"这一问一答，冥冥之中自有人生玄机，是父亲对儿子的期待，也是儿子对父亲的承诺，在此期待与承诺之间，则是建基于人生问题与社会问题之上的梁漱溟辉煌人生的开展，谁说不是呢？

考诸梁济对梁漱溟的教育，无不如春风濡染，水到渠成。因此，我们可以看到，他对梁漱溟的影响绝不仅仅是人格上的，即使是梁漱溟一生的功业，丰富的创见，都可以从他父亲这里找到遥远的线索。一个人格伟大的人对一个大师的培养就是这样既不着痕迹，又自然而然，令人信服。

说到家教，不能不说彭翼仲先生。梁漱溟曾经专门为彭翼仲作传，其间虽多谈其所办报纸在晚清末造的开启民智之功和对自己的启蒙，并无一字提到其对自己的影响和教育。但在其《自学小史》中，却将彭翼仲列入他少年时期的成长环境，可见其人其事对他的影响之深。

之所以把彭翼仲这个外人对梁漱溟的影响称为家教，盖因其是梁济的结拜兄弟，后又结为儿女亲家，两人肝胆相照风雨同行三十多年，他的人格事功实际上也为梁漱溟日常濡染。梁漱溟曾多次提起这位父执，即使事隔多年仍对其行迹如数家珍，更多次赞叹，说他"为人富于感情而体壮气豪，称得起血性男子。在遭际到帝国主义侵凌，我民族陷于颓败和危难并直接给他以刺激时，他不能不动心，不能不用思想，从而就不能再安于其累代相沿的仕宦生活。故尔一度很短的尝试入仕途之后立即放弃，而卒归走上他自己辟创的这条道路"，更指出"别人仍然不免在仕途中或旧社会各种生涯中混来混去，自为身家之谋者多，而他却不是。他敢想就敢作，勇于实践，不怕牺牲。似乎不妨说：他虽无革命意识，却有革命精神吧"。所以，我得说，也许彭翼仲并未刻意教育引导他的这个子侄辈，但他的人格气象恐怕早已如水银泻地化为了少年梁漱溟的骨血。

1902年，彭翼仲首创北京第一家民间日报《启蒙画报》，后又办《中华报》《京话日报》。为办报纸，他倾家荡产，欠债千万，且屡受摧残，身负重罪，仍痴心不改，九死不悔。彭翼仲办报的目的在于开启民智，影响社会，倡导维新救国。事实上，他的确达到了这个目的，梁漱溟说报纸"一九〇二年开创后不到两三年，在北京便声动宫廷，西太后亦要看看这报纸；在北方则东至吉林、黑龙江，西至陕西、甘肃，都在传播。到报纸被封前夕——一九〇六年下半年正是其发展的最高峰，而这一发展亦就戛然而止了"。

彭翼仲对梁漱溟的影响我以为有以下几个方面。

其一，不畏艰难、百折不回的人生气概。经济困难于那个时代是必然的，这从彭翼仲自述其经历亦可见他举意办报时的窘迫：《启蒙画报》开办未半年,赔垫约千金。弟有急需……设法筹还后独力支撑,备尝艰苦。售去永光寺街房产,典质衣物,勉强度岁。……至甲辰七月创办《京话日报》……是年仍有赔累。岁除之夕,避债无台。家有钻石表,先君一生仅留此物。……拟以此为质暂押数百金,向吴幼筹商,得其慨允。而此物又不在己手,取之极难。不得已函乞吴君凭空暂假二百金。一面遣人送信,一面即作殉报之准备。倘吴不应,决计一死。盖有所激而然也。用裁纸刀刻字壁间云'子子孙孙,莫忘今夕'。吴君交原人带回二百金。此二百金之关系与庚子年洋兵之枪弹同一生死关头,而性质不同矣。一仇一恩,皆终身不忘之纪念也。"此段自述中那种走投无路的困厄固然昭然若揭,而其间毁家纾难的豪情与气概更让人扼腕长叹。然而,更大的困难是来自社会与权力大能者。彭翼仲办报要求稿件"笔锋总带感情，语气上总有抑扬"，"其好恶之心太强，衷怀所感，恒不觉形于笔墨"，自然结交了许多同志好友，但结怨亦多，而这便给报纸带来了灭顶之灾。最大的灾厄就是报道革命党人吴道明、范履祥被政府秘密处死，因而得罪袁世凯，最终报馆被查封，他本人也被判刑十多年，流放新疆。不料彭翼仲从新疆回来后竟不改初衷，继续办报，可谓铮铮铁骨。

其二，不惧权势，沉着应对的大将风度和超凡定力。梁漱溟讲过他这位父执的一件事，很可见其沉着冷静的行事风格：有一天，彭先生在东交民巷遇见德兵赶车运货回营，嫌其前面的一个中国人力车迟滞，连连举鞭痛打那车夫和车上一老者。彭先生愤其凶暴，特尾随到德国兵营，就其门岗对一对表，知是午后二时又十分钟。次日将其事在报上登出，痛论德兵无礼，警告德使非惩罚那个兵不可。德使这次还算未做过分无理要求，只说要彭先生亲自去辨认那打人的德兵。外务部当然更是要彭先生自了其事。彭先生就在报上答复说，自己当时尾随在后面，未能看见那个兵的面貌。但可指出是两个德兵的右边一个，而且出事的时间地点既然都言之明确了，谅德兵营的官长应不难据以查出其人来。后来德兵营居然认真追查，惩戒了那个兵。在那样一个洋人在我国国土上耀武扬威的时代，这自然是大快人心的事情，然若非彭翼仲之义无反顾且理节兼具的应对，安能如此。彭翼仲虽出身官宦世家，但绝不清谈炫世，而是勤于且精于事功，这一定给梁漱溟形成了不可磨灭的印象。事实上，彭翼仲办报绝非仅仅耽于言论效果，而是有全面的考虑，能充分利用报纸调动起国人的向上心和报国志，直接组织社会运动，引导人们的行动。梁漱溟对他一生印象至深的国民捐运动有详细记载：

有一位热心的读者王子贞先生（基督教教友，开设尚友照相馆），自己出资成立了"尚友讲报处"，专替《京话日报》作宣传。他在一次演讲中偶然提到庚子赔款四点五亿银两，莫如由全国四亿同胞一次凑齐还清的话。这话原是报上曾有过的话，他就写成一篇讲词，请彭先生阅正修改，随即作为彭、王二人合稿登出。不想马上有太医院院判张仲元投函说自己首先捐银二百两，促请速订章程办法，早见实行。接着投函者纷纷而来，有个人，亦有集体（如消防队全体官兵），不出五天时间，累积认捐数字便达七百多两。于是一篇篇议论就这样行动具体化起来。那篇讲稿大意是说：庚子赔款言明四点五亿两，分年偿付，要到光绪六十几年才能还完，连利息一起便是九亿两。这是中国人的沉重负担。现在东亦加捐，西亦加捐，要皆为此。为了抽捐，设局所，派员役，薪水工饭开支而外，还不免若干中饱，末后民间所出的恐怕一百亿两不止。民间负担不了，难免抗捐。官说"土匪抗捐"，民说"官逼民反"。前途痛苦，不堪设想。何如全国四亿人齐心合力，赶快一次自动地凑出来，救国救民即以自救。——这样就叫它为"国民捐"。

始而报上辟出一些篇幅，标题"国民义务"四字，每天专登各方认捐的衔名、姓名或集体（仍注明各个人名）和捐款。由于认捐一天踊跃一天，所占篇幅越来越大，非另想办法不可。到426号报上（距其开始不过50天）即宣布其暂停，将其另印出一附张，随报附送。此后除有关"国民捐"的特殊提倡消息在新闻栏登出外，报上即不再见认捐人名和数字。从后来新闻中知道一些贫苦人愿捐的感人事迹，而达官贵人自捐和出面提倡的亦很多。例如，以庆亲王为首的五位军机大臣都捐了。管理内务府大臣世续下堂谕于内务府三旗来提倡：学部尚书荣庆独捐一万两；吉林达将军自捐一万两，还募集了四万多两；广东岑制台、河南陈抚台皆各捐一万两。北京的佛教八大寺庙出头号召全体僧徒开会认捐，而直隶（今河北省）同乡京官全体则集合在松筠庵会商认捐及向全省劝捐事宜。如此之类，不必悉数。意想不到的是涿州在监囚犯亦有三十一人投函认捐，而南洋群岛的华侨亦闻风响应。举此二例，其如何澈上澈下和由近及远，均可想象。

捐款总经收处设在户部银行（户部即当时的财政部，户部银行后改为大清银行）。户部银行对于收款即行生息，声明如国家将来不提用，便本息一并发还。计为期约整一年而彭先生被罪，这运动就自然停止了，随后由银行出来宣布发还捐款。

由此可见，彭翼仲有着多么伟大的济世情怀和实践这伟大情怀的行动能力。在梁漱溟看来，彭翼仲并没有找到解决中国问题的钥匙，但他所思虽浅，却也响应了时代的呼唤，坚定不移地走在解决中国问题的先驱者行列，其情其行正是梁漱溟一生努力践行的。梁漱溟在谈及自学的根本时用这样一段话来概括他父亲和彭翼仲带给他的影响："一面是从父亲和彭公他们的人格感召，使我幼稚底心灵隐然萌露对社会对国家的责任感，而鄙视那般世俗谋衣食求利禄底'自了汉'生活。更一面是从那维新前进底空气中，自具一种迈越世俗的见识主张，使我意识到世俗之人虽不必是坏人，但缺乏眼光见识，那就是不行的；因此，一个人必须力争上游。"他在自己一生的救国实践中，应当会时时想起自己这位当年的父执，从中吸取力量吧。

应当说,彭翼仲先生的平生行迹在一定程度上坚定了梁漱溟青年时代人生向上的信念,也激发了他男儿不可空谈,当解决实际问题虽九死其犹未悔的情操。

激发问题意识的自由读物

梁漱溟多次说自己没有什么学问,更不承认自己是学者和哲学家,他说:"我本来无学问,只是有思想,而思想之来,实来自我的问题,来自我的认真。因为我能认真,乃会有人生问题,乃会有人生思想、人生哲学。"梁漱溟并非自谦,他一生的建树实则就来自他基于对人生和社会的感应而不断萌发的问题以及对这些问题的解决。梁漱溟极其自由平等的家教早早就使他建立了独立的人格意识，而人生向上的信念则是这独立人格的内核，人生向上既包含了个体的生死忧患，也包含了社会的兴衰关怀。但少年的心智毕竟是幼稚清浅的，若没有外界正当正大的刺激，这向上之心实易流于空洞肤浅，想要形成一己的思想是不可能的。而像梁漱溟这样从小学时就因为特殊的家教而能独立自学的人，若没有丰富正大的读物，那将是致命的。当然，梁漱溟的幸运在于，他从上小学开始，就始终有引人向上的读物伴随着。

梁漱溟识字用的课本是《三字经》，他的同时代人在读完《三字经》后，接着就要读四书五经，但梁漱溟读完《三字经》后，即读《地球韵言》，并没有读四书五经，这是他父亲梁济的意思。这种破例，源于梁济心切国难，志在维新，他在光绪十年四月六日的日记中论读书次第缓急时说道：

"却有一种为清流所鄙,正人所斥,洋务西学新出各书,断不可以不看。盖天下无久而不变之局,我只力求实事,不能避人讥讪也。"可以说,从梁漱溟读书识字之始,他父亲的中国问题意识就已经和他如影随形了。《地球韵言》是四字一句的韵文,既便于儿童上口成诵,又略说世界大势,正是开阔眼界,滋养心胸的好教材。当然,梁漱溟和一切儿童一样并不满足于课堂教材,他把主要时间用于阅读思考自己喜欢的读物,要知道,他是彻底自由的。他最初也是终身感激的课外读物正是彭翼仲先生所办的《启蒙画报》。"这份报纸是给十岁上下儿童看的,"梁漱溟在《自学小史》中说,"内容主要是科学常识,其次是历史掌故、名人轶事,再则如'伊索寓言'一类的东西亦有;却少有今所谓'童话'者。例如天文、地理、博物、格致('格物致知'之省文,当时用为物理化学之总名称)、算学等各门都有。全是白话文,全有图画(木板雕刻无彩色)。而且每每将科学撰成小故事来说明。讲到天象,或以小儿不明白,问他的父母,父母如何解答来讲。讲到蚂蚁社会,或用两兄弟在草地上玩耍所见来讲。算学题以一个人作买卖来讲。诸如此类,儿童极其爱看。历史如讲太平天国,讲'平定'新疆等等。就是前二年底庚子变乱,亦作为历史,剖讲甚详。名人轶事如司马光、范仲淹很多古人的事,以至外国如拿破仑、华盛顿、大彼得、俾斯麦、西乡隆盛等等都有。那便是长篇连载的故事了。图画为永清刘炳堂(用煨)所绘。刘先生极有绘画天才,而不是旧日文人所讲究之一派。没有学过西洋画,而他自得西画写实之妙。所画西洋人尤为神肖,无须多笔细描而形象逼真。计出版首尾共有两年之久。我从那里面不但得了许多常识,并且启发我胸中很多道理，一直影响我到后来。我觉得近若干年所出儿童画报，都远不及它。"这本切合儿童的读物和《京话日报》在梁漱溟十岁时几乎让他"成瘾"。有如此美妙读物相伴，非但无人干预，还时有父亲的交流，到十三四岁时，梁漱溟能拥有自己的独立思想和价值观，也就不稀奇了。

进入中学后，梁漱溟对人生问题和社会问题的思考更为深切。这当然是一种高尚的情操，每个人年轻的时候都或多或少有过这样高贵的情操，惜乎大部分人都早早流失了，而梁漱溟却葆有这高尚的情操一辈子，这自然是因为他人格早成，人生问题与社会问题早已经成为他的全部生命所寄。中学时代，是一个人高尚情操最突出的时候，但也是最易受到世俗社会的打击而迅速消散的时候。幸运的是，此时的梁漱溟有梁启超、章太炎、章士钊这代人相伴。好像有上天眷顾，此时为解决他之问题提供丰富的知识资料与思想资源的读物，自然也就换成了《新民丛报》《国风报》《民主报》《北京日报》《顺天时报》《帝国日报》《申报》《新闻报》《时报》等。据梁漱溟说，他拥有梁任公先生主编之《新民丛报》壬寅、癸卯、甲辰三整年六巨册，还有梁任公同时编的《新小说》全年一巨册。这些报纸杂志既有立宪党人办的，也有革命党人办的，还有保皇党人办的，充满了观念的交锋与价值观的碰撞，那个时代最顶尖的头脑与心灵都跳跃其中。梁漱溟同时拥有这些读物，并精心研读，收获最大的不只是思想，更重要的是他由此感应到了无数人在为时代所造成的人生问题与社会问题而全力以赴，这里蕴含着正大的情感与悲悯的怀抱，越发坚定了他要解决人生问题与社会问题的信念。另外，思维能力的培养也应当重于思想的收获。这些报刊杂志的相互驳难，为他后来研究学术既提供了正当正大地从正反两方面辩驳中深入问题核心、把握问题本质的能力，更培养了他在研究问题时理性恢宏、从容不迫的心态。梁漱溟后来说他做学问总是先看别人怎么说，然后再自己辩驳，如此自己的观点就越来越周全，思想越来越深入。当然，能够尊重别人的意见，然后理性辩驳，是因为梁漱溟本着这样的原则：在人格上不轻易怀疑人家，在见识上不过于相信自己。

当然，知识资源的储备也不可小瞧。梁漱溟关于宪政的知识就来自这些报纸杂志，而他后来研究儒学，既从这些报刊杂志上储备了一定的知识，又以此为线索，找到了更多资源。善于自学的人深知一篇文章总是通向无数篇文章，一本书总是通向一座图书馆。至于他年轻时候转而信佛且自修佛学也是因为从这里看了大量佛学文章，尤其是章太炎先生的佛学宏论。这些报纸杂志是梁漱溟学术研究的起点，其间的人情世态也深深卷入了他的人生。他们为他提供了问题，也提供了解决问题的工具，而他又是有心人，从不苟且，于是，他一生都将处在这些问题之中，走出自己的独特人生。

从梁漱溟中学时期的读物来看，很少有人能像他这样幸运，在他这样的年龄，就被引向了社会，深深感受并思考社会与人生，他注定不可能做一个自了汉。他后来敢于说"吾曹不出如天下苍生何""我不能死，我死了天地将为之变色"的话，并非狂妄——他是早早就领受到了属于他的天命啊！他的人生忧乐与整个人类是息息相关的。我们每个人来到人世间都是有天命的，只是大多数人终生都没能领受这份天命！当然，领受了天命还得虔诚地完成天命方为大圣大贤，梁漱溟显然做到了。

非凡的朋友群

每一个有所成就的人物，周围都会自然形成大大小小相互砥砺的朋友圈子，他们相互之间取长补短，彼此成全。至于那些希圣希贤，则在其人生的每一个阶段，都会有一个朋友圈子，这既是他人格的召唤，也是他生命的感应。他和朋友们总是力求人生向上，教学相长，自我成全，自我完善，梁漱溟正是这样的人。梁漱溟在他人生的每个转折关头，都有朋友的重大影响。当然，梁漱溟能结交到有益于他人生的朋友，主要还在于他总是本着人生向上的生命理念。所以他结交的朋友要么在人格修养上有特殊之处，要么格外关心时势，欲成事功。

小学时，梁漱溟是他班里年龄最小的——14岁，而班里最大的学生已27岁，年龄如此悬殊却同处一班只有在那个特殊时代才会有，但这无疑有益于年龄小的学生，因为年龄大的学生对年龄小的学生往往能展现出成人之美的风度，能起到人格上的引领作用。梁漱溟当时和廖福申、王毓芬、姚万里三人要好。在廖的带领之下，他们曾结合起来自学。梁漱溟说："这一结合，多出于廖大哥的好意。他看见年小同学爱玩耍不知用功，特来勉励我们。以那少年时代的天真，结合之初，颇具热情。我记得经过一阵很起劲的谈话以后，四个人同出去，到酒楼上吃螃蟹，大喝其酒。廖大哥提议彼此相称不用'大哥''二哥''三哥'那些俗气；而主张以每个人的短处标出一字来，作为相呼之名，以资警惕。大家都赞成此议，就请他为我们一个个命名。他给王的名字，是'懦'；给姚的名字，是'暴'；而我的就是'傲'了。真的，这三个字都甚恰当。我是傲，不必说了。那王确亦懦弱有些妇人气；而姚则以赛跑跳高和足球擅长，原是一粗暴的体育大家。最后，他自名为'惰'。这却太谦了。他正是最勤学的一个呢！此大约因其所要求于自己的，总感觉不够之故，而从他自谦其惰，正可见出其勤来了。"

如此严肃认真地相互砥砺，相约成全，这样的朋友圈子虽说都是少年人，可能在思想上没有留下什么成果，但其人格上的促进作用是难以估量的，而对于梁漱溟来说，所谓人生向上，无非两点：作为自然人，要不断加强人格修养；作为社会人，要时时有益于人。梁漱溟之所以能记忆得如此清楚，即在于这个少年时期的朋友圈子夯实了他的人格。这对于14岁最易受外界影响的年龄来说，是极其重要的。

中学时期，有两个人给了梁漱溟以里程碑式的影响，首先是郭仁林。

梁漱溟14岁就已经有了比较成熟的价值观，他受其父影响，信奉实用主义，认为评判一切人和一切事须看它于人有没有好处，和其好处的大小。"假使于群于己都没有好处，就是一件要不得的事了。掉转来，若于群于己都有顶大好处，便是天下第一等事。以此衡量一切并解释一切，似乎无往不通。若思之偶有扞格窒碍，必辗转求所以自圆其说者。一旦豁然复有所得，便不禁手舞足蹈，顾盼自喜。"这无疑是基于人生向上的信念而形成的价值观,所以到中学时代,梁漱溟就已经立志救国救世,建功立业,胸襟气概不凡之至,但他毕竟只有十几岁,而多年来自学于报纸杂志,虽思想纷呈,观点多异,但报纸杂志上的文字不可能深入开展,缺乏知识的系统性和严密性。加之报纸杂志上的思想观点多是基于时政展开,相对来说缺乏经典性与深刻性。而且那是一个特殊的时代,报纸杂志上的文字多围绕救国展开,激情洋溢,更有着一种轻学问而重事功的心理暗示。如果这种心理和实用主义价值观结合在一起,于年轻人而言,是很容易流入浮泛空疏志大才薄自以为是的,这个时候,如果没有外力的介入,的确容易走火入魔。要知实用主义虽是很好的价值观,但任何一种价值观都是有缺陷的,不可绝对真理化。否则,就可能导致把一切有价值的东西手段化,那将是可怕的。到了中学时期,梁漱溟的确已经开始把实用主义绝对化了,这大约也是他后来一再否定这种价值观的原因——他返归来处看到了危险,也许会惊出一身冷汗吧。

梁漱溟回忆说,那时他在人生思想上其实还是很浅陋的,对于人生许多问题,还根本没有理会到,对于古今哲人的高明思想,不但没有加以理会,甚至拒绝理会,只有那些"具有实用价值底学问,还知注意;若文学,若哲学,则直认为误人骗人的东西而排斥它。对于人格修养的学问,感受《德育鉴》之启发,固然留意;但意念中却认为要做大事必须有人格修养才行,竟以人格修养作方法手段看了。似此偏激无当浅薄无根底思想,早应当被推翻。无如一般人多半连这点偏激浅薄思想亦没有。尽他们不同意我,乃至驳斥我,其力量却不足以动摇我之自信"。梁漱溟是一个时时反省的人,这段话正是他在反省中充分意识到的。然而，在这关键的人生转折点，梁漱溟遇到了郭仁林。所以，多年后，梁漱溟说起郭仁林，崇敬之心溢于言表："恰遇郭君，天资绝高，思想超脱，虽年不过十八九而学问几如老宿。他于老、庄、易经、佛典皆有心得，而最喜欢谭嗣同的'仁学'。其思想高于我，其精神亦足以笼罩我。他的谈话，有时嗤笑我，使我惘然如失；有时顺应我要作大事业的心理而诱进我，使我心悦诚服。我崇拜之极，尊为郭师，课暇就去请教，纪录他的谈话订成一巨册，题曰'郭师语录'。……自与郭君接近后，我一向狭隘底功利见解为之打破，对哲学始知尊重；在我的思想上，实为一绝大转进。"

事实上，我们考查梁漱溟这段时期的思想人格状况，郭仁林不独给他带来了新的思想元素，消除了他思想上对实用主义的绝对化迷信，更重要的是，与郭仁林的交流还充实了梁漱溟，使他得以沉下心来。当然，这也正是因为梁漱溟始终坚持人生向上的信念，于人格的修养与完善不敢有丝毫懈怠所致——机会总是青睐有准备的人。梁漱溟能把握住人生的多次机遇，绝不让这些机遇无声无息地滑过，实在在于他从小就奠基的奋发图强的精神底蕴和诚实纯真的人格底色。想一想，以梁漱溟当时的思想水准，实在已经超过了一般人，而他能如此谦逊地学习郭仁林，视之为师，不能不说他那时就已经具备了超凡的人格气质。当然，梁漱溟与郭仁林是纯粹的朋友式交往，他们在人格上是绝对平等的，也正是因此，郭仁林也尊称梁漱溟为"梁师"。正是有这样平等的人格碰撞，他们才能持续交往，互相成全。

如果说郭仁林给梁漱溟的影响更多是帮助他渡过了人格修养的危机，在显性思想层面破除了对实用主义的迷信，引进了新的思想与学术资源，其影响还是比较抽象的。那么，甄元熙则实实在在改变了梁漱溟的人生，是其该阶段思想经历与生活经历的直接推手。

梁漱溟是看着梁启超等人的文章度过少年时期的，他很早就确立了救国之志。怎么救国，民族的前途何在，他虽然年轻，却有着自己的判断。他热心于政治改造，但并不排满。心仪于英国式政治，否认君主国体、民主国体在政治改造上的等差。认为无论法国式内阁制或美国式总统制，皆不如英国虚君共和制。在政治改造上，他尤为心仪于俄国虚无党人的暗杀手段。盖因此种手段既有效，又破坏不大，还可免遭国际干涉。这些理论和主张，虽然是从立宪派得来，却都经过了梁漱溟的反复思考，并非一种学舌。之所以如此说，是因为这些观念经过了辩论的检验。和他辩论的就是甄元熙。他说："我和甄君时常以此作笔战，亦仿佛梁任公汪精卫之所为；不过他们在海外是公开底，我们则不敢让人知道。"很显然，甄元熙是主张革命的。正因为两人都是理性的辩论，所以观念的交锋并无胜负之分，但时代却作出了选择。——清廷并无意立宪，只是借立宪之名欺瞒天下，致使全国上下人心齿冷，立宪契机就此流失，大量立宪派人士转而支持革命。梁漱溟正值青春，血气方刚，更有一腔救国之志，自然而然也倾向革命。梁漱溟中学快毕业时，武昌起义爆发，他在学校更待不下去，于是在甄元熙的带领下，参加了京津同盟会，在革命之前参与谋划暗杀清朝大臣，革命之后则做起了甄元熙所办报纸的记者。

从参与革命到做记者，前后有两年时间，这两年时间于梁漱溟而言，是至关重要的，一般论者很少论及。此前他一切知识观念都来自书本，立宪也罢，革命也罢，都是别人的说辞和实践，从文字上看去，无不过于遥远和理想化，社会究竟如何，他其实一无所知。但这两年的人生经历却使他从书本中走出来，参与了社会也认识了社会。更难得的是，因甄元熙在革命党人中地位甚高，梁漱溟由此得以参与革命党人的一些重要行动，对革命有了非常直观的认识。后做记者，他更幸运，借助《民国报》外勤记者的身份，他能够出入当时国会议会以及各党派会议的很多重要场合，既得以全面直观地把握当时的政治态势，又可近距离观察接触乃至认识那个时代的风云人物。梁漱溟一直是一个认真的人，从不肯随俗从众，当社会这本大书在他面前敞开，他当然会充分发挥自己的自主学习能力。梁漱溟此后不久几度想要自杀，显然起因于这种近距离接触后产生的幻灭感。他说："在此期间内，读书少而活动多，书本上的知识未见长进。而以与社会接触频繁之故,渐晓得事实不尽如理想。对于'革命''政治''伟大人物'……皆有'不过如此'之感。有些下流行径、鄙俗心理,以及尖刻、狠毒、凶暴之事,以前在家庭在学校所遇不到底,此时却看见了;颇引起我对于人生,感到厌倦和憎恶。"

当他渡过这段精神危机,彻底成人,从此他就把握住了自己的人生,此后的每一步都是他理性的选择,而非参与革命前那样顺着时代走,有不能自已之处了。梁漱溟后来对暴力革命的坚决反对,对政府的中立态度,新中国成立后想要站在政府外的打算都可从这段经历中找到原因,这甚至影响到他的学术创造与乡村建设运动。他后来对中国百年来革命性质的判断——中国革命起于外部的刺激而非内部的需要;他后来在乡村建设运动中坚决排除政府权力的干预,无不起于这段经历。可以说，这段经历实实在在改变了梁漱溟的人生。

梁漱溟做完两年记者，就20岁了。从18岁到20岁，从顺天中学堂出来直接走上社会，那种高密度、高质量的社会经历和他此前的人格修炼与自主学习融合在一起，使他的理性与人格完全成熟了。四年后，当他走上北大讲堂发愿发扬孔子学说时，他的思想或许还不成体系，却已经趋于成熟。

梁漱溟成人之后一直到生命终结，还有很多朋友圈子，有些朋友甚至相处了一辈子，比如他在北大结交了伍观淇，又经后者介绍结交了李任潮、陈真如等。伍观淇让他明白了儒学乃切实直接的性命之学，所谓人格修养是一门切切实实的博大精深的人生向上的学问，丰富深刻了他对孔子的认识，是他一生最为佩服的人；他与李任潮的交往是他得以借助政治权力开始乡村建设运动的开始，等等。当然，成人之后，梁漱溟主要的朋友圈子是他的学生，很多学生千里迢迢追随他，有些甚至一生相伴，不离不弃，比如陈亚三、黄艮庸、李渊庭等。这些人自然是为他的人格魅力和学术事功感召而集结在他周围，但他从他们身上所得到的并不比他给予他们的少。梁漱溟和学生在一起和与其他朋友在一起时的交往方式是一样的，完全的平等交流，他没少受到学生关于他人生态度失当的批评，更没少受到他们事业上的建议。

与朋友的交往，以及朋友圈子的丰富和持久，都是梁漱溟人生向上理念的实践和他人格修养与事功努力的辐射，从来就与个人身家性命无关。他的朋友圈子，是人生向上的朋友圈子，是超越"有对"趋于"无对"之境的生命奇观。

奋发向上的时代精神

24岁之前的梁漱溟，相比他的同时代人，虽然也从那个时代感受过幻灭与苦痛，但他感受到更多的是正当正大的教育，是那个时代精神至刚至大的一面，所以他人格上便没有染上阴郁悲苦或狂躁放纵的一面，反而在时代与家庭的合力之下达到平衡，这正体现了那个时代明朗弘阔、雍容典雅的一面。

这首先得益于他和谐亲密的家庭气氛。梁济虽生于苦寒，长于艰辛，但到梁漱溟兄妹降生这个家庭时，家境已算小康，全家人不用把太多时间和精力放在谋生上，生活氛围多是人性中亲和慈的一面。更重要的是，父亲梁济感于自己幼年时受到长辈比较严苛的教育，不愿子女再受自己当年的苦痛，对孩子们以自由放任为主，又时时和孩子们平等交流，既保证了孩子们个性的自然成长，又确保了孩子们心灵的正直向上。

可以说，给予梁漱溟最初的时代精神濡染的是他父亲梁济和父执彭翼仲，这体现在两个方面：一方面是梁济从不以孩子小而视家国之事为大人之事，不和他们交流。要知梁漱溟是看《启蒙画报》《京话日报》长大的，特别是《京话日报》，根本就是时事报道与时事评论，小小年纪看这些东西，若没有大人的引导，是很容易堕入灰暗沮丧的。果然，梁济并非不管不顾，而是经常和孩子们交流对时事的看法，他通过这种方式，早早让时代融入了梁漱溟的内心，成为他人格成长最丰富的动力源。另一方面，梁济并非那种口头忧国者，而是一个身体力行者，而《启蒙画报》《京话日报》正是更具行动能力的彭翼仲的行动成果，他们两人为国事忧劳奔走的耿耿衷肠为梁漱溟所日常濡染。要知他们两人的言行正深刻地发抒着这个民族从古以来就不曾消失的生命元气，承载着那个时代最为强劲正义的民族愿景。

梁漱溟生于1893年，次年爆发甲午中日战争。他的童年、少年，正值中华民族数千年来最耻辱的时期。甲午战争是近代中国历史上最为重大的历史事件，它把中国几千年的历史一刀两断，战争之前，中国虽屡败于西方大国，民族自信心虽然大损，但也得以洞开国门，发奋图强，学习西方，一度有了几十年的发展，民族自信也有所提升。甲午战争的后果是可怕的，它使中国举国之力建造的北洋海军毁于一旦，不独如此，中国还要承受割让台湾、澎湖列岛、辽东半岛以及巨额战争赔款的沉重损失和无比羞辱，中国人的自信心与自尊心几乎丧失殆尽，跌于冰点之下。败给一向与我们同文同种的日本，这个刺激太过强烈，华夏大地弥漫着"四万万人齐下泪，天涯何处是神州"这样的悲怆、苍凉、绝望与迷茫、愤怒。由此，知识阶层空前地行动起来，救国、维新、共和，梁漱溟的青少年正是与这一系列的时代大剧相伴随。无论是《京话日报》，还是后来梁启超们的《新民丛报》《国风报》《民主报》《北京日报》《顺天时报》《帝国日报》《申报》《新闻报》《时报》等，并非只是他自学知识的纯粹教材，根本上就是一幅波澜壮阔的时代画卷向一个成长中的少年的展开。这些时代精英以言论报国，或切切于唤醒民智，启蒙民心；或耿耿于策论辩难，探索中国之路；或昭昭于烈士义举，英雄仁风……

倘使一个人已经成年或即将成年，有了许多世俗观念，那种生命的致命隔膜肯定会让正大光明的影响大打折扣，梁漱溟的幸运在于他是以赤子之心感受这些伟大人生与精神的，这就好比一株嫩芽沐浴春日光芒，自然而又烙印深刻，更何况梁漱溟还是十年如一日沐浴在这光照之下！也正因如此，当梁漱溟走入社会，看到了文字中看不到的种种人格残疾与理想阴影，很容易陷入失望与幻灭。幸好十年如一日的美好教育，早已使他的人格成熟，正大宽厚的人格已经成形，人生向上之心已经无法动摇，所以他才能迅速走出绝望，继续探索自己的人生之路与中国之路。

四年修行

梁漱溟从18岁到20岁的那段人生经历，导致了他之后归心佛法。事实上，当梁漱溟十五六岁还在顺天中学堂读书时就已经开始看佛书了。那个时候他看佛书有这样几个原因，一是他好用心思。14岁时就已经有了比较独立的想法，这些独立的想法无非基于人生苦乐与社会忧患两个方面。青春少年总会有无数莫名的烦恼与苦痛，那是生命的自然律动，但总会让当事人充满迷惘，不知人生何以如此，心思躁动的少年往往行动出格，说荒唐话做荒唐事，他自己不以为意，别人看来也多以青春期予以理解忍受，大多数平凡人就是这样过去的。但梁漱溟不同，他喜欢用心思，他想弄清这是为什么，还要扩而大之弄清人生为什么充满苦痛，所以才有这样的事情发生。有一天，他看到家里的女佣整天洗衣做饭，十分辛苦，便问她觉得生活怎么样，女佣却回答习惯了。而他反顾自己虽然深受家人宠爱，学业又较顺利，内心却十分苦闷。从此，他开始转入了苦与乐的研究。经过反复思索，他认为人生的苦乐不在于外部环境，而在于内心，在于人的主观世界，由于人的欲望是无止境的，这山望作那山高，从而人生唯是苦。这种想法显然与他已有的实用主义思想冲突，但他恰在此时遇到了郭仁林，郭仁林给他带来了新的思想资源，这其中就包括庄子与佛学。

当然，他这个时候还没有发愿出家成佛，只是在18岁到20岁这两年内，他步入社会，一方面见多了与他在书本上所知悖反的现实，对于革命、政治、伟大人物等，便有不过如此之感，至于目睹不少下流行径、鄙俗心理，以及尖刻、狠毒凶暴之事，更是让他对人生充满厌倦与憎恶。梁漱溟曾经谈及他当时有过这段经历："我在北京街上闲走，看见一个拉人力车的，是一个白发老头，勉强往前拉，跑也跑不动。而坐车的人，却催他快走。他一忙就跌倒了；白胡子上摔出血来，而我的眼里也掉下泪来了！又一次我在北京东四牌楼马路上往南走，看见对面两个警察用绳缚着一个瘦弱无力、面目黧黑的中年男子，两边夹着他走来。——看他那样子大约是一个无能的小偷。

我瞪着两眼,几乎要发疯。这明明是社会逼成他这个样子,他不敢作别的大犯法的事,只偷偷摸摸救救肚饥,而你们如狼似虎地逮捕他,威吓他,治他的罪。这社会好残忍呀!我因为心里这样激昂,精神状态很不稳定,所以有那一年在南京自杀未成的事。"幻灭与绝望使他两度自杀,可见社会真实于他冲击之大。他是这样解释的:"我在二十岁的时候,曾有两度的自杀;那都可以表现出我内心的矛盾冲突来。就是自己要强的心太高;看不起人家,亦很容易讨厌自己。其故是一面要强,一面自己的毛病又很多,所以悔恨的意思就重,使自己跟自己打架。……打到糊涂得真受不了的时候,就要自杀。"所谓要强的心太高,即指他一方面有拯救天下之志,另一方面却面对现实无能为力。这也说明他那时不独看清了世界也看清了自己,看清的结果自然是都难以承受。好在他是禀性正大的人，越是无法解决的问题，就越要想办法解决，革命既不能救人救国，亦不能提升自己，而他早就阅读过佛经，归心于佛法也就顺理成章了。

这段经历，好比佛祖初睹人生真相震惊之至，而后沉静下来历经艰难寻求解决之路。古今圣贤，如此类同，本乎他们的一腔悲怀。

这里我们可以看到，梁漱溟一生从其大约10岁开始，就为人生问题与社会问题或者说是中国问题所困扰。梁漱溟自己说过，他二十多岁之前主要为人生问题所扰，此后，则主要是为中国问题奔走。从他后来从事乡村建设运动，为抗日救国奔忙来看，似乎的确如此。事实上，我认为梁漱溟其实是通过解决社会问题来解决人生问题的。人生问题才是根本。为什么这么说呢？首先，梁漱溟虽说后来为孔子说法，且娶妻生子，但其实他内心一直信佛,并无一刻放弃,甚至说过他前生是一个和尚的话,盖因他认为,只有佛学才是彻底解决人生问题的路径。其次,他终生的学术研究,其目的并非只是解决中国问题,而是认为西方世界也需要东方思想价值观的拯救,他的终极目的显然是要解决全人类的人生问题。他之所以热心于社会运动,积极投身于社会改造,主要在于他认为只有有了良好的社会环境,才能为每个人解决人生问题提供日常从容的存在氛围和客观条件,那种只靠个体自身的修养就达成佛陀之境的,只有少数特异人士在恶劣处境中才能做到,而绝大多数平凡人,要解决人生问题,还是需要普遍的社会环境的。

所以梁漱溟参加革命,一方面在于他那时血气方刚,志向远大;另一方面,革命于他而言其实是实在的人生,而非实现理想的手段。他的幻灭感并非只是因为革命无效，更是因为革命并不能解决他个人的人生苦乐问题，也不能提升个体的生命境界，反而让他感受到了更大的人生沉沦与人性斫伤，增加了他的人生困惑。一旦他从绝望中冷静下来，到他并不陌生的佛法中寻求人生答案，实在是再正常不过的事。梁漱溟的特异之处在这个时候就显露出来了：他并非无条件迷信革命与理想，也不为外界思潮运动裹挟，而是始终能从个体生命的感觉出发，去衡量是非对错。于他而言，生命质量的提升和个体修养的提高，是判断一切生命行为与思想观念的根本。

当然，能不能提升生命质量，提高个体修养，使人生不断向上，这是需要去实践的，而不是耽于空想就能知道答案。梁漱溟从支持宪政到投身辛亥革命，孜孜以求共和，实际有着切身的观念试错意义，也正因此，他自20岁甫一接触社会主义就终身信服，看似其他路径被否定后的又一次选择，似乎依旧不脱救国富民的解决社会问题的思路，其实是没有把握梁漱溟心性的肤浅之见。试问，若是如此，他后来到北大，与李大钊为友，何以没有加入共产党呢？而李大钊又何以没有劝他加入呢？他不是信服社会主义吗？

梁漱溟10岁起就开始思考人生问题，寻求人生悲苦的根源，支持宪政也好，投身革命也好，都是希望铲除社会恶性竞争，消灭人类罪孽。于他而言，救国富民实在不过是手段而已。事实上，终其一生，梁漱溟对中国问题的思考与实践，始终只是他解决人生终极问题的手段，他的目的是为全人类谋求解脱之道。而社会主义，在他看来，就是通往一劳永逸解决人生问题的桥梁。所以，他一经了解社会主义，立马就信服了。据说他20岁那年，在翻拣旧书时，发现了日本人幸德秋水的《社会主义之神髓》一书，他后来这样描述当时的心境："此书当时已嫌陈旧，内容亦无深刻理论。……不过其中有些反对财产私有的话，却印入我心，我即不断地来思索这个问题。……终至引我到反对财产私有的路上，而且激烈地反对，好像忍耐不得。""我发现这是引起人群中间生存竞争之根源。""人类日趋于下流与衰败，是何等可惊可惧底事！……拔本塞源，只有废除财产私有制度，以生产手段归公，生活问题由社会共同解决，而免去人与人之间之生存竞争。——这就是社会主义。""我当时对于社会主义所知甚少，却十分热心，其所以热心，便是认定财产私有为社会一切痛苦与罪恶之源，而不可忍地反对它。理由如上所说亦无深奥，却全是经自己思考而得。"这年冬天，他甚至撰成《社会主义粹言》一册，自己写于蜡纸，油印数十本赠人。诉之合理想象，从信服社会主义到撰文宣扬社会主义，可知他当时心情之激动：他找到了人生悲苦的根源，也找到了解决人生悲苦的路径！他是从解决人生问题的角度接受社会主义的，这可能是他从幻灭中走出来的契机。

显然，梁漱溟之信服社会主义与李大钊等共产党人的信仰社会主义有着本质区别，他是从个体生命得救层面信仰的，而共产党人则是从社会进步群体进化的层面信仰的，所以后者不惜暴力与牺牲，而梁漱溟却是以拯救生命为目的的。所以，他后来的乡村建社运动与共产党走了不同的道路，根本原因就在这里。

然而，次年他归心佛法（而且他终生既秉持对社会主义的服膺，又诚信佛法），这种行为，在常人看来，实在难以理解，要知他刚刚信服了社会主义啊，还在前不久撰文宣扬社会主义呢！但就梁漱溟本人的生命轨迹而言，是可以理解的。于梁漱溟而言，个体生命的得救是第一要义，信仰佛法，是他个体人生向上的需要，而且梁漱溟个性坚强，意志坚韧，佛法作为个人修行得救之路，正好契合梁漱溟的实际，而社会主义虽说揭示了人生悲苦的根源，也指明了解决问题的路径，但那是一个浩大的社会工程，其着眼于整个社会群体，并非一时一地一人可以完成的，需要等待时机。也就是说，梁漱溟从他个体生命向上的角度信仰佛法，从整个人类社会向上的角度服膺社会主义，信仰佛法是内在的精神修炼，服膺社会主义并实践之则是外在的生命活动。前者自救，后者救人。这里唯一的裂痕在于，为什么他没有走上宣扬佛法拯救世人之路呢？梁漱溟用自己的学术实践弥补了这个裂痕：他后来的人类文化三期学说把佛法社会列为人类最后的社会，需要实现社会主义之后,人类才能普遍实行,此其一;其二,他始终有一种人生并非平等的观念,有些人是天生的圣贤,是可自救又救人的,而大部分人是平常人,只能由圣贤渡化。所以他是可以修炼佛法的,但人人修炼,在社会主义没有实现之前,根本不可能。

就这样,从21岁开始,梁漱溟怀揣社会主义信念归心了佛法,这也埋下了他日后把儒家文化与社会主义结合起来,致力于乡村建设运动的种子。

从21岁开始,他刻苦钻研佛学,时间达三年之久,这三年,他从佛学中对生命有了新认识,坚定了人生唯一之路在皈依佛法,当然,佛法因明学也为他日后的学术研究提供了方法论。另外,这三年的佛法研究也在他的心性上打上了悲悯的深刻烙印。有必要说明的是,梁漱溟研究佛学,是为了解决人生问题，他信仰的是大乘佛法，是以入世的态度出世，有着普度众生的宏愿，这是符合他生命逻辑的选择，是一种积极的生命活动，只有如此理解，才能明白他不久后从佛法中走出来为孔子说法。梁漱溟这三年的修炼的确是积极的生命实践，他并没有青灯古佛，不理人间世务，恰恰相反，他一直在清理自己的过去。1915年，他发表《寄张宽溪舅氏书》，9月编成《晚周汉魏文钞》并请一代名记黄远生作序，1916年创作了为他带来人生绝大机遇的《究元决疑论》。他的这些活动，无不充满了解决他人人生问题的动机。佛法只是使他的热肠更为沉静凝练而已。

应当说，经此三年的修炼，梁漱溟理清了自己的思想，理清了自己的知识，坚定了自己的人生志向，在人格上做好了从容应对一切人生变局的准备，也为他日后的学术思考奠定了基础。此时他虽没有明确的学术目标,但已显大家气象。学术无非小道,随着问题的出现,他自能把握问题核心,而后以此为根基广泛吸取各种思想资源,开掘铺展,蔚为大观。这就不难理解,一旦北大给了他机会,他就敢于接受这个挑战,并在从容应对中,所向披靡,有若宝剑出世,光芒万丈。

第二章

北大七年

迷雾重重的思想转型

梁漱溟曾经多次说过他的三次思想转变:"我常常说我一生思想转变大致可分三期,第一期恰是近代西洋这一路;从西洋功利派的人生思想,转折到印度的出世思想是第二期;从印度思想转归到中国儒家思想是第三期。"

这里有一个误解,以为梁漱溟每一次思想转变,都是对前一期思想信仰的抛弃,特别是由西洋实用主义转入印度佛法，以为是他对实用主义的完全抛弃。梁漱溟本人在不同场合的许多发言也很容易坐实这种想法。梁漱溟说过他终其一生都没有放弃佛法，但他一生积极入世，参加各种社会活动，学术上又终身致力于宣扬儒家学说，为孔子说法，也不免给人自相矛盾的看法。

这种误解，是没有把握梁漱溟的思想与人格内核。要知道，梁漱溟一生追求人生向上，于个体自身，切切于人格的自我完善；于他人，孜孜于社会的和谐融洽。不承担对社会的责任，就谈不上个体人格的完善，二者是一个整体，不可分割。梁漱溟的所谓三次思想转折，其实都是他追求人生向上的自然表现。他能以人生向上的信念将一切思想资源熔于一炉为己所用。在别人看来，不免矛盾，但他却浑然一体，妥帖之至，因为人生向上才是他的思想原点。所以，梁漱溟所谓三次思想转变的说法其实并不准确。他终其一生，从表象上看主要是信仰儒家文化，但他又从未抛弃过实用主义与佛法。

他之所谓放弃实用主义，盖因他认为实用主义即西洋功利派人生思想，而西洋功利派人生思想体现了一种竞争意识，一种手段高于目的的功利（有对）精神，这与他的人格追求显然是相冲突的。人生向上体现于人格的完善之上，是肯定要超越功利达于圆融无对之境的，因而他便转入了佛学信仰。但实际上低估了父亲对他的影响，实用主义已经深入了他的骨髓，只不过因他过于严格的人格警惕，实用主义在他的人生事功中不再起明显的作用，而是沉淀为一种思维方式，服务于他的学术实践。他一生之有多次思想跃进，能吸收古今中外多种思想与知识资源，无不得益于此。只要认为有益于人生向上，他就拿来为己所用。但也正因实用主义于梁漱溟而言已经沉淀为一种思维方式，而非时刻显现为一种思想价值观，指导人的生命活动，所以晚年梁漱溟因对他的儒家思想过于自信，视之为普遍真理，就不能平等地看待其他思想体系，而只是把其他思想作为知识资源予以儒化，这几乎成了一种本能，不为他所察觉。考诸他一生的思想成就，可以说他思想体系的形成，实用主义功莫大焉，但他的思想体系缺乏开放性与再生性也是实用主义造成的。

至于佛家学说，从梁漱溟的文化三期学说来看，他不可能放弃佛法，因为修行佛法，于他而言，那是人生向上的最终境界，是生命的大成。但梁漱溟也说过反对中国人信仰佛法的话，何以如此呢？这还得从他人生向上的思维原点上找答案。

在梁漱溟看来，所谓人生向上，就是人类要依次深入解决三大问题：其一，人对物的问题；其二，人对人的问题；其三，人对自身生命的问题。一言以蔽之，"身先心后，心随身来"。就人类而言，这三大问题的依次解决，演绎出不同的社会发展阶段，表现为三种不同的文化面向，它们之间的关系，用梁漱溟自己的话说，即随着社会发展史的阶段升进而人生问题顺序引入转深。第一个大问题就是"人对大自然界"的问题，西方只有一句话："征服自然，利用自然。"儒家之学适应于人生第二问题，就是人与人如何能够彼此相安；佛家之学适应于人生第三问题，如何看待自身生命。

梁漱溟曾多次强调他的文化三期说并不存在高下之分，只是三个不同的发展方向，永远不可能重合。但这三种不同方向的文化是对应人生三大问题的，而这三大问题在梁漱溟看来明显有高下深浅之分。所以,在他内心深处还是认为这三期文化是有高下之分的,不管他怎么否认,这都是他学术上不能解决的矛盾。

梁漱溟认为,人类不同阶段的文化都与一定的社会条件适洽,社会条件不到,强行转入更高一个层次的文化阶段,只能适得其反。正因如此,他把中国社会的千年停滞不前归因于中国文化的儒家面向没有配套的社会政治经济体系,又把他所处时代的社会混乱归因于中国儒家文化形态与引进的西方政治经济观念的不适。也就是说,既然人生三大问题只能依次解决,人类的社会形态与文化阶段也只能依次而进,那么,处于人类文化第二期的中国,在没有切合自身的社会、政治、经济条件之前,如果强行在社会上推行佛法,只能给社会带来严重的混乱。盖因中国要解决自己的问题,正需积极进取——中国文化形态虽处于第二期，但实际上中国的社会、政治、经济形态还只处于第一期的低级水准。由于第一期的社会政治经济制度要达到成熟状态需要配套西方的进取精神，如若此时国人以佛法为人生态度，那只能导致中国社会永远处于第一期的低水准社会，要知佛法的核心理念是从根本上取消人生，较之儒家的肯定生活，它是完全否定人生的。所以，虽则从他的观念体系上看，他是最肯定佛法观念的，但从中国的实际看，从国人的人生向上的目的看，佛法却是当时中国最不需要的。

当然，中国整体社会的发展不需要佛学并不等于梁漱溟个人不需要佛学，一则修行佛法在梁漱溟看来是抵达人生最高境界的唯一路径；二则佛法的修炼是向内的，根本上适合个人修行，是砥砺德性，完善人格的最高性命之学；三则梁漱溟早年即得窥天命，以圣贤自居，凡人不能为者，他则能为之。所以，梁漱溟所谓由佛学转入儒学的思想转变，实际上只是从外在的生命形态上来说的，就内在的精神生活而言，自从梁漱溟结婚一直到他死，佛学都是他最内在的精神信念。实际上，于梁漱溟而言，儒学更像外王之学，佛学更像内圣之学。也就是说，佛学负责他内在的人格修炼，使之达于平和无对之境；儒学负责他的外在事功，使之以天下为己任，积极进取，即使明知不可为亦要为之。

解决了这个问题，再来看梁漱溟所谓第三次思想转型，不过是梁漱溟在二十岁之后因对革命和世事的失望陷于幻灭之后，经过几年的闭关修行，出关而已。出关，也就是重新进入社会。此后，梁漱溟不可能自绝于社会了，因为他找到了最强大的抵御幻灭和绝望的思想武器——佛法。佛法本以取消人生为务，那么人生中的任何事情根本就不值得幻灭与绝望，而以佛法修炼内心，什么都可以容纳消化。他的一切外在事功，从根本上说，是受大乘佛法拯救众生观念的驱使，践行佛业。只不过他是以儒家的方式，这是中国文化与印度外来思想的完美结合造就的生命奇观。

从梁漱溟对佛学的理解来看，他走入社会是迟早的事，这从他接受艾恺访问时说了以下两段话可见：

> 照我的意思——我为慎重起见，还不愿意说就是佛家或唯识家的意思，只说是我所得到的佛家的意思——去说说生活是什么。生活就是"相续"，唯识把"有情"——就是现在所谓生物——叫作"相续"。生活与"生活者"并不是两件事，要晓得离开生活没有生活者，或说只有生

活没有生活者——生物。再明白说，只有生活这件事，没有生活这件东西，所谓生物，只是生活。生活、生物非二，所以都可以叫作相续。

生活即是在某范围内的"事的相续"。这个"事"是什么？照我们的意思，一问一答即唯识家所谓一"见分"一"相分"——是为一"事"。一"事"，一"事"，又一"事"……如是涌出不已，是为"相续"。为什么这样连续的涌出不已？因为我问之不已——追寻不已。一问即有一答——自己所为的答。问不已答不已，所以"事"之涌出不已。因此生活就成了无已的"相续"。这探问或追寻的工具其数有六：即眼、耳、鼻、舌、身、意。凡刹那间之一感觉或一念皆为一问一答的一"事"。在这些工具之后则有为此等工具所自产出而操之以事寻问者，我们叫它大潜力，或大要求，或大意欲——没尽的意欲。当乎这些工具之前的，则有殆成定局，在一期内——人的一生——不变更，虽还是要相续而转，而貌似坚顽重滞之宇宙——"真异熟果"。现在所谓小范围的生活——表层生活——就是这"大意欲"对于这"殆成定局之宇宙"的努力，用这六样工具居间活动所连续而发一问一答的"事"是也。所以，我们把生活叫作"事的相续"。

这两段话，值得注意的有这样几个意思：其一，生活与生活者是同一件事，二者不可分离；其二，生命就是事的相续；其三，生活的动力源于意欲。只要梁漱溟无意斩除意欲，那么，他就得生活，而生活就是问之不已答之不已，是事的相连相续，而青灯古佛那样形式上的修炼根本就不能算是梁漱溟认可的佛家生活。如此，离开社会，就没有生活，也就没有他。

他还说过这样的话："佛教者，以出世间法救拔一切众生者也。故主张出世间法而不救众生者非佛教，或主救众生而不以出世间法者非佛教。"这才是他对佛教最为本质的认识，不救众生，不为佛教。他是注定要进入社会的，他要救众生！

那么，为什么梁漱溟重新入世走上北大的讲台，他会以为孔子说法为务呢？事实上，自梁漱溟应蔡元培、陈独秀之邀到北大教书后，就迅速打定了主意为孔子说法。他在《东西文化及其哲学》中说："民国六年，蔡孑民先生约我到大学去讲印度哲学。我的意思不到大学则已，如果要到大学作学术方面的事情，就不能随便作个教师便了；一定要对于释迦、孔子两家的学术，至少负一个讲明的责任。所以我第一日到大学，就问蔡先生他们对于孔子持什么态度。蔡先生沉吟地答道：我们也不反对孔子。我说，我不仅是不反对而已，我此来除替释迦、孔子发挥外，更不作旁的事！后来晤陈仲甫先生，我也是如此说。"

可见梁漱溟以倡导儒学为志业是经过深思熟虑的，并非一时起意，有着深刻的心理与思想根源。一般人往往把梁漱溟入世崇儒从他1920年的一段思想奇遇算起。那年初春，梁漱溟应少年中国学会邀请作"宗教问题讲演"。之后，在家补写讲词。他后来回忆道："此原为一轻易事，乃不料下笔总不如意，写不数行，涂改满纸，思路窘涩，头脑紊乱，自己不禁诧讶，掷笔叹息。既静心一时，随手取《明儒学案》翻阅之。其中泰州王心斋一派素所熟悉，此时于《东崖语录》中忽看到'百虑交锢，血气靡宁'八个字，蓦地心惊；这不是恰在对我说的话吗？这不是恰在指斥现时的我吗？顿时头皮冒汗默然自省，遂由此决然放弃出家之念。"

这就是他所说的第三次思想转折，人们也多以此为是。问题是那时他已经在北大任教三年了，难道此前三年为孔子说法只是学术上的考量，而非生命的需要？考诸梁漱溟一生对学术异于常人的态度，显然难以令人信服。梁漱溟一生说过无数次，他并非学者，也不知道什么是学术，更无意于搞学术，他所做的一切只是要解决问题。问题从哪里来？当然是从生命中来！那么，他到北大为孔子说法，就成了生命的需要。所以，我以为，如果真有所谓梁漱溟所说的第三次思想转折，那也至少要在他1917年到北大之前。

当然，我根本不认同梁漱溟的所谓思想转折的说法。前面说得很清楚，他内心归宗佛法，一生不变，而自信仰儒学之后，也是至死不渝，这二者于他首先都是性命之学，都有益于人格的大成。他一生的人格修炼，是以佛法为主，以儒家慎独之学为辅。而表现在社会行动上，则又是以儒学为主，这二者，正是他独特的内圣外王之法。

我以为，梁漱溟对儒学产生好感，最后接受儒家观念，至少始于1913年他20岁后不久。不然，无法理解他何以一到北大就能成竹在胸为孔子说法。毕竟，那是需要相当的知识储备和独到理解的，若从来没有接触过，如何为孔子说法？那不是败坏孔子吗？

也就是说，在他20岁遇上精神危机，几乎自杀那段时间里，他不独求助于佛法，也曾求助于孔子。其实，这有事实为证——梁漱溟本人后来在《朝话》中说:"我曾有一个时期致力过佛学,1920年后转到儒家。于初转入儒家,给我启发最大使我得门而入的,是明儒王心斋先生,他最称颂自然,我便是由此而对儒家的意思有所理会。开始理会甚粗浅,但无粗浅则不能入门。"1916年春天的初读《论语》,更是成了他终生难忘的阅读记忆。梁漱溟后来回忆说:"打开《论语》一看,满篇都是'乐'字;不像打开佛经来看,满篇都是'苦'字……"

尽管他那时已经接受了佛学观念,认为人生即苦,但他毕竟还年轻,既然如此,也要把这苦难的人生活出乐意来。——这一定是他当时有若醍醐灌顶的想法吧,然后,他可能如中电殛,有了更进一层的想法:孔子既能让苦难的人生活出乐意,何不为孔子说法呢?难道这样做不正是本乎佛陀普度众生的悲愿吗?

我以为，这样猜测梁漱溟当时的思绪是合理的，一方面这符合思想本身的演进逻辑；另一方面，也合乎梁漱溟本人的生命逻辑。一则他从小虽没有读过四书五经，但无论是他父亲，还是他父执彭翼仲，从小给他莫大人格示范的正是儒家人格，他们两位不仅修身极勤，自律甚严，又心忧天下，志切报国，其思虑奔走，实在体现了儒家以天下为己任，明知不可为而为之的浩然正气。二则，他从小学始无一日不读的那些报刊杂志，可以说是一部波澜壮阔的仁人志士殚精竭虑奔走报国救民于水火的历史活剧，如他们一般救国救民的理想早已深深烙印在他的灵魂深处，岂能有所懈怠？三则他本人人格早熟，人生向上的信念已经成为一种生命本能，以国事为己任。

既如此，唯一的问题就是如何做才能实践这救国救民以图生命向上的伟大抱负了。事实上，那时，他已经不需要选择或摸索了，因为多年来的人格发展、思想成长和人生经历已经把答案裸裎于眼前！几年以后，他在《东西文化及其哲学》中披露了自己的心路历程：

> 我们来看秉受东方化最久，浸润于东方化最深的中国国民对于西方化的压迫历来是用怎样的方法去对付呢？西方化对于这块土地发展的步骤是怎样呢？据我们所观察，中国自从明朝徐光启翻译《几何原本》，李之藻翻译《谈天》，西方化才输到中国来。这类学问本来完全是理智方面的东西，而中国人对于理智方面很少创造，所以对于这类学问的输入并不发生冲突。直到清康熙时，西方的天文、数学输入亦还是如此。后来到咸同年间，因西

方化的输入，大家看见西洋火炮、铁甲、声、光、化、电的奇妙，因为此种是中国所不会的，我们不可不采取它的长处，将此种学来。此时对于西方化的态度亦仅此而已。所以，那时曾文正、李文忠等创办上海制造局，在制造局内译书，在北洋练海军，马尾办船政。这种态度差不多有几十年之久，直到光绪二十几年仍是如此。所以这时代名臣的奏议，通人的著作，书院的文课，考试的闱墨以及所谓时务书一类，都想将西洋这种东西搬到中国来，这时候全然没有留意西洋这些东西并非凭空来的，却有它们的来源。它们的来源，就是西方的根本文化。有西方的根本文化，才产生西洋火炮、铁甲、声、光、化、电这些东西；这些东西对于东方从来的文化是不相容的。他们全然没有留意此点，以为西洋这些东西好像一个瓜，我们仅将瓜蔓截断，就可以搬过来！如此的轻轻一改变，不单这些东西搬不过来，并且使中国旧有的文化步骤也全乱了——我方才说这些东西与东方从来的文化是不相容的。他们本来没有见到文化的问题，仅只看见外面的结果，以为将此种结果调换改动，中国就可以富强，而不知道全不成功的！及至甲午之役，海军全体覆没，于是大家始晓得火炮、铁甲、声、光、化、电，不是如此可以拿过来的，这些东西后面还有根本的东西。乃提倡废科举，兴学校，建铁路，办实业。此种思想盛行于当时，于是有戊戌之变法不成而继之以庚子的事变，变法吁求之声因之而更为宏大响亮。

这种运动的结果，科举废，学校兴，大家又逐渐着意到政治制度上面，以为西方化之所以为西方化，不单在办实业、兴学校，而在西洋的立宪制度、代议制度。于是大家又群趋于政治制度一方面，所以有立宪论与革命论两派。在主张立宪论的以为假使我们的主张可以实现，则对于西洋文化的规模就完全有了，而可以同日本一样，变成很强盛的国家。——革命论的意思也是如此。这时的态度既着目在政治制度一点，所以革命论家奔走革命，立宪论家请求开国会，设谘议局，预备立宪。后来的结果，立宪论的主张逐渐实现；而革命论的主张也在辛亥年成功。此种政治的改革虽然不能说将西方的政治制度当真采用，而确是一个改变；此时所用的政体决非中国固有的政治制度。但是这种改革的结果，西洋的政治制度实际上仍不能在中国实现，虽然革命有十年之久，而因为中国人不会运用，所以这种政治制度始终没有安设在中国。于是大家乃有更进一步的觉悟，以为政治的改革仍是枝叶，还有更根本的问题在后头。假使不从更根本的地方作起，则所有种种作法都是不中用的，乃至所有西洋文化，都不能领受接纳的。此种觉悟的时期很难显明的划分出来，而稍微显著的一点，不能不算《新青年》陈独秀他们几位先生。他们的意思要想将种种枝叶抛开，直截了当去求最后的根本。所谓根本就是整个的西方文化——是整个文化不相同的问题。如果单采用此种政治制度是不成功的，须根本的通盘换过才可。而最根本的就是伦理思想——人生哲学——所以陈先生在他所作的《吾人之最后觉悟》一文中以为种种改革通用不着,现在觉得最根本的在伦理思想。对此种根本所在不能改革,则所有改革皆无效用。到了这时才发现了西方化的根本的所在,中国不单火炮、铁甲、声、光、化、电、政治制度不及西方,乃至道德都不对的!这是两方问题接触最后不能不问到的一点,我们也不能不叹服陈先生头脑的明利!因为大家对于两种文化的不同都容易麻糊,而陈先生很能认清其不同,并且见到西方化是整个的东西,不能枝枝节节零碎来看!这时候因为有此种觉悟,大家提倡此时最应做的莫过于思想之改革——文化运动。经他们几位提倡了四五年,将风气开辟，于是大家都以为现在最要紧的是思想之改革——文化运动——不是政治的问题。我们看见当时最注重政治问题的如梁任公一辈人到此刻大家都弃掉了政治的生涯而趋重学术思想的改革方面。如梁任公林宗孟等所组织的新学会的宣言书，实在是我们很好的参证的材料，足以证明大家对于西方文化态度的改变！

到了此时，已然问到两文化最后的根本了。现在对于东西文化的问题，差不多是要问：西方化对于东方化，是否要连根拔掉？中国人对于西方化的输入，态度逐渐变迁，东方化对于西方化步步的退让，西方化对于东方化的节节斩伐！到了最后的问题是已将枝叶去掉，要向咽喉去着刀！而将中国化根本打倒！我们很欢迎此种问题，因为从前枝枝节节的做去，实在徒劳无功。此时问到根本，正是要解决的时候，非有此种解决，中国民族不会打出一条活路来！所以此种问题并非远大事业，是明明对于中国人逼着讨一个解决！中国人是否要将中国化连根的抛弃？本来秉受东方化的民族不只一个，却是日本人很早就采用西方化，所以此刻对此问题并不成问题；而印度、安南、朝鲜、缅甸，皆为西方化之强力所占领，对于此问题也不十分急迫，因为他们国家的生活是由别人指挥着去做。现在中国，无论如何还算是在很困难的境遇里自己可以自谋——对于自己的生活要自己做主。因为要自谋的缘故，所以对于政治采用某种、文化采用某种还要自决。所以别的民族不感受东西文化问题的急迫，而单单对中国人逼讨一个解决！可见这个问题在中国决不是远的问题而是很急迫的问题了。

照以上所说，东方文化与西方文化之接触，逐渐问到最后的根本；对付的态度起先是枝枝节节的，而此刻晓得要从根本上解决。此种从根本上解决的意思，从前很少有人谈及。前三四年只看见我的朋友李守常先生作了一篇《东西文明之根本异点》的文章。他在这篇文章里面，大要以为东方文明之根本精神在静，西方文明之根本精神在动。——而他说：

苟不将静止的精神根本的扫荡，或将物质的生活一切屏绝，长此沉延在此矛盾现象中以为生活，其结果必蹈于自杀，盖以半死不活之人驾行飞艇，使发昏带醉之人御摩托车，人固死于艇车之下，车亦毁于其人之手。以英雄政治、贤人政治之理想施行民主政治，以肃静无哗唯诺一致之心理希望代议政治，以万世一系一成不变之观念运用自由宪法，其国之政治固以阢陧不宁，此种政治之妙用亦必毁于若而国中。总之守静的态度持静的观念，以临动的生活，必至人身与器物、国家与制度都归于粉碎，世间最可怖之事莫过于斯矣。

李先生的话说的很痛快！他觉得东西方文化根本之不同，如果做中国式的生活就须完全做中国式的生活；如果做西方式的生活就须完全做西方式的生活；矛盾的现象是不能行，并且非常可怕的。所以这个问题并不是很远而可以俟诸未来的问题，确是很急迫而单单对于中国人逼讨一个解决的问题。我们处在此种形势之下逼迫得很紧，实在无从闪避，应当从速谋应付的方法。应付的方法大约不外三条路：

（一）倘然东方化与西方化果真不并立而又无可通，到今日要绝其根株，那么，我们须要自觉的如何彻底的改革，赶快应付上去，不要与东方化同归于尽；

（二）倘然东方化受西方化的压迫不足虑，东方化确要翻身的，那么，与今日之局面如何求其通，亦须有真实的解决积极的做去，不要作梦发呆卒致倾覆；

（三）倘然东方化与西方化果有调和融通之道，那也一定不是现在这种"参用西法"可以算数的，须要赶快有个清楚、明白的解决，好打开一条活路，决不能有疲缓的态度。

这三条路究竟哪一条路对，我们不得而知，而无论开辟出哪条路来，我们非有根本的解决不成，决非麻糊含混可以过去的。李君的话我们看去实在很对，我们历年所以不能使所采用的西方化的政治制度实际的安设在我们国家社会的原故，全然不是某一个人的罪过，全然不是零碎的问题；虽然前清皇室宣布立宪之无真意，袁项城帝制自为之野心，以及近年来"军阀"之捣乱，不能不算一种梗阻而却不能算正面的原因。其正面的原因，在于中国一般国民始终不能克服这梗阻，而所以不能克服梗阻的原故，因为中国人民在此种西方化政治制度之下仍旧保持在东方化的政治制度底下所抱的态度。东方化的态度，根本上与西方化刺谬。此种态度不改，西方化的政治制度绝对不会安设上去！甚或不到将西方化创造此种政治制度的意思全然消没不止！我们这几年的痛苦全在于此，并非零碎的一端，是很大的根本问题。此刻我们非从根本上解决不可。是怎样可以使根本态度上有采用西方化的精神，能通盘受用西方化？李君所说虽然很急迫，而其文章之归结还是希望调和融通，而怎样调和融通，他也没有说出来，仍就俟诸未来，此点差不多是李君自己的矛盾。我以为这种事业虽然要在未来成就，而问题却不在未来，实在是目前很急迫的问题啊！

这一段激情洋溢的演讲淋漓尽致地揭露了梁漱溟窥见天命的心路历程：他回顾了自中西方相遇以来，中国被西方化的百年痛苦历程，而这历程并非只是纸上的故事，隔世的传说，而是他自少年以来日日沉溺于其中的活生生的思想与情感经历，他父亲与父执彭翼仲的悲苦执着，无数他认识或知道的前辈或同时代人的鲜血与呼叫，他本人近年来的东奔西走与苦苦思索，他虽短暂而历经心灵波折的生命等等。我们付出了几代人无数仁人志士的鲜血、生命与华年，我们的出路在哪里呢？我们学习西方的技术、制度、文化，我们走了一条又一条路，图强保皇不行，继而维新立宪，继而革命共和，然而，宪政在哪里？"无量头颅无量血"换来的也只是旧共和,我们何以仍然走不出这漫无边际的黑暗与阴霾?

当然,先烈与前贤的失败并非徒劳,梁漱溟从中把握了中国问题的命门,听见了天命:文化复兴,只有文化复兴才是这古老民族的向上之路。于是,梁漱溟走上了为孔子说法之路。他当然不只是为孔子说法,他是为中国寻找一条适合的向上之路。他的心中,没有学术,只有中国。

《东西文化及其哲学》

1921年,《东西文化及其哲学》由商务印书馆出版,这一年,梁漱溟29岁。这是梁漱溟最重要的学术著作,他一生的思想体系都浓缩于此书中,此后并无大的变动,只有枝节上的修补。或者说,此后的一生,他都在以言论阐发这本书的观点,以行动践履这本书的观念。从某种程度上说,这本书是他丰富一生的纲要。这是一本注定要名留史册的书，尽管好评与恶评共存，但实实在在为梁漱溟赢得了巨大声誉。此书1921年印第1版，至1929年印刷第8版，可见其为学术界人士所重视。当时，蒋百里称"此亦迩来震古铄今之著作"。五十年代后，胡秋原认为该书"有独创的意义和可惊叹的深刻思想力"。但这本书也留下了一些不解之谜，下面我将一一讲解。

首先，梁漱溟根本就没有受过任何学术训练，何以能创造出如此具有原创性的学术著作呢？

我们后人看这本书，自然看成是一本学术著作，其严密的逻辑、翔实的论证、新见迭出的观念一再让人击节扼腕，不管我们对他的观点同意与否，却不能不承认，作者具有充沛的激情、惊人的才华与深刻的思辨能力。不知情者或者以为作者应该有深厚的学术功底，其实不然，梁漱溟从来没有受过任何学术训练！就一般懂得学术研究的人而言，这是难以想象的。因为做学问和做其他许多事情一样，不能上来就干，要有一些积累和准备，即所谓"学术基础"或"知识结构"。那个年代过来的学者，各有偏好，术业也各有专攻，他们是先打基础，然后专心问学，比如鲁迅的学术基础是国学、德国哲学和浪漫主义诗学等；周作人的知识结构相当驳杂，他把它们分成八类：诗经论语注疏、小学、文化史料、年谱日记、游记、家训尺牍、博物书、笔记、佛经、乡贤著作。但私塾似乎是他们接受教育的共同起点，差不多都是从四书五经中背出来的（刘仰东语）。然而，梁漱溟小学时就接受了完全不一样的教育，实际上也算不上正规教育，因为他是完全放任与自由的，几乎就是纯粹的自学。他自然要打破这个学术铁律。盖因梁漱溟根本就不认为他是在搞学术创作，也不认为自己是什么学者、哲学家。当然，不管梁漱溟本人认可与否,他的著作问世后就是公共产品了,是不是学术著作,自有公论。也就是说,一个终生不认可自己是学者、哲学家的人,一个从不认为自己是搞学术创作的人,一个没有受过什么学术训练的人,的确写出了一部影响深远的学术著作。其原因在于,梁漱溟虽无心学术,但他实际上把握了学术的本质,即学术非为知识而知识,学术必要为生活。事实上,历史上一切一流的学术大家,他们最具原创力的学术作品,无不来自对现实生活的回应。那就是说,伟大的学术创作,一定有着为现实生活所磨折必须回应这磨折,不回应就不得过活的动因。而所谓学术规范与知识结构固然需要,但那却只是小道,也是可以随时弥补的。梁漱溟就是如此,更何况他是古今一流的自学高手呢!

从梁漱溟的理论原点来看,这本书具备了一

流学术著作的品质。梁漱溟说自己写这本书的目的在于"解决一个问题,对人类的文化、文明指出有三大体系"。这个问题从何产生?产生于中国百年被近代化的历史,产生于当时中国风起云涌又阴霾重重的现实,产生于他父亲的慷慨赴死,产生于彭翼仲的毁家纾难,产生于无数先贤义士的鲜血与悲呼,产生于他本人多年来的内心苦难。这个问题产生于他的生命深处,他的同胞的生命深处,他的民族的生命深处,人类的生命深处。多年来,他总是在追问:民族的生命何以向上?人类的生命何以向上?他个体的生命何以向上?每个同类的个体生命何以向上?这百年曲折的历史,这喧哗迷惘的现实,这深沉跳动的鲜活心声,无不如天命一般驱策着他思考,他有话要说啊!是的,他搞什么学术呢?他只是有话要说,他牢牢站在历史与现实、民族与人类的苦难深处,要告诉人们，人类的生命、民族的生命何以才能向上！

有了这如天命般的追问，梁漱溟不得不回答，那是他生命的内在需要。但回答这个问题，需要知识储备和逻辑训练，他有吗？他当然有，其实那种认为梁漱溟缺乏学术根基的人无非是表象之见。从梁启超们的论战文字中，他早已学会了从容理性的论辩技巧，他甚至有过丰富的实战经验。十七八岁时，他以立宪思想与甄元熙的革命思想有过旷日持久的论战，战果是好几本日记，是他和甄元熙成了肝胆相照的朋友！至于为回答问题所需要的知识储备，他还少吗？十多年的看报自学，他掌握了西方宪政思想、社会主义思想，阅读了大量西方学术文化和心理学著作，了解了许多关于东西方生活的一手信息资源，还有对佛法的深刻认识，更重要的是，带着问题有目的的阅读,一直就是他自学的方便法门!其实,梁漱溟还拥有一般学术家所没有的重要条件,那就是十多年因为看报自学而获得的丰富视野、宽阔胸襟与恢宏气度。

试看下两段论述,何其要言不烦,斩钉截铁,字字铿锵而又环环相扣,无隙可乘!

其一:

所谓一家文化不过是一个民族生活的种种方面。总括起来不外三方面:

(一)精神生活方面,如宗教、哲学、科学、艺术等是,宗教、文艺是偏于情感的,哲学、科学是偏于理智的。

(二)社会生活方面,我们对于周围的人——家族、朋友、社会、国家、世界——之间的生活方法都属于社会生活一方面,如社会组织、伦理习惯、政治制度及经济关系是。

(三)物质生活方面,如饮食、起居种种享用,人类对于自然界求生存的各种是。

我们人类的生活大致不外此三方面。

(《梁漱溟全集》第一卷,《东西文化及其哲学》,山东人民出版社2005年2月,第339页。)

其二:

人类生活中所遇到的问题有三不同;人类生活中,所秉持的态度(即所以应付问题者)有三不同;因而人类文化将有次第不同之三期。

第一问题是人对于"物"的问题,为当前之碍者即眼前面之自然界;——此其性质上为我所可得到满足者。

第二问题是人对于"人"的问题，为当前之碍者在所谓"他心"；——此其性质上为得到满足与否不由我决定者。

第三问题是人对于"自己"的问题，为当前之碍者乃还要在自己生命本身；——此其性质上为绝对不能满足者。

第一态度是两眼常向前看，逼直向前要求去，从对方下手改造客观境地以解决问题，而得满足于外者。

第二态度是两眼常转回来看自家这里，"反求诸己"，"尽其在我"，调和融洽我与对方之间，或超越乎彼此对待，以变换主观自适于这境地为问题之解决，而得满足于内者。

第三态度，——此绝异于前二者，它

是以取消问题为问题之解决,以根本不生要求为最上之满足。

(《梁漱溟全集》第三卷,《人心与人生》,山东人民出版社2005年2月,第717—718页。)

梁漱溟从什么出发立论的?生活!实际上,梁漱溟的创作,本身就是生活,而对于他来说,佛学也好,儒学也好,西学也好,都是人生实践之学,他比较这些,只是想搞清楚为什么会有这么多种人生实践之学,我们目前最需要的是哪一种!

其次,《东西文化及其哲学》首创了运用比较法研究东西文化及其哲学,何以梁漱溟能如此?

我想,这还是得从他的创作原点出发。盖因梁漱溟创作此书目的,从小处说是为中国人找一条出路，从大处说是为全人类找一条出路；既然没有人可以创造一条路出来，即使创造一条路也不得不在原路的基础之上，那么，他必须得弄清现存世界上有几条什么样的路，他们的优缺点。既然创造一条路不得不在原路的基础之上，那么，他就必须弄清现存世界上各条路的优缺点。也就是说，他的方法是其理论原点的逻辑必然，是问题意识的必然演进。但这里还要纠正一下的是，与其说是他首创了这种方法，不如说是他第一次集中且大规模运用了这种方法，使这种方法成为整部著作的基本架构。因为在他之前，已经有无数人，他的前辈和同时代人都曾经比较过中西方文化的异同了。

最后，一个理论问题。梁漱溟书中的三期文化说建立于他所概括的人类的三种生活态度之上，时遭人诟病，在读者看来，此诟病的确相当致命，何以梁漱溟从不认同？——他在多次重版时都提及此书心理学上的毛病，却从不提及这点。

梁漱溟认为东西方三家文化产生于三种不同的人生态度，而这三种人生态度又基于三种不同的人类生活所遭遇的问题。因人对物的问题，产生了积极进取勇于斗争以解决人类面对大自然的基本生活保障问题；因人与人的问题，产生了反身求己以调和持中解决人类面临的"他心"问题；因人与己的问题，产生了以取消生命的态度以求解决生命本身的问题。与这三种解决问题的态度相对应，就出现了西方个人本位自我中心的文化、东方伦理本位职业分途的儒家文化和天道轮回否定人生的印度文化。

但问题出现了，我们每个人从出生到死亡，都要面对这三大问题。更何况，这三大问题于我们每个人而言，不仅存在，而且是混合存在的，我们在解决基本物质问题的时候,不也同样要面对与他人和自己相处的问题吗?每个人不都这样吗?何来种族之不同呢?何来时间段的分野呢?梁漱溟何以置此明显的理论盲点于不管呢?显然,梁漱溟认为这不是一个问题。那么,他是怎么想的呢?让我们来看看他谈及他父亲自杀时说的一段话:"先父以痛心固有文化之渐灭,而不惜以身殉之。……捐生前夕,所遗敬告世人书,告儿女书等多缄,均影印在内。其要语云:国性不存,我生何用!国性存否,虽非我一人之责;然我既见到国性不存,国将不国,必自我一人先殉之,而后唤起国人共知国性为立国之必要——国性盖指固有风教。"

这段话内含着梁漱溟解决这一理论漏洞的答案,这里出现了两个词:国性与风教。所谓国性,正是鲁迅先生一生致力于批判的国民劣根性或说民族精神。国民劣根性久而成积,已成为伦理风尚、思维方式,根深蒂固,难以改变。现在有人认为国民性是一个伪命题,根本不存在,此言大谬。说同一种语言,生活于同一地域,受同一种制度的统治,久而形成相同的文化价值观、生活方式和思维方式,这是无论如何都否定不了的,而这不就是国民性吗?也就是说,梁漱溟所谓对三大问题的不同态度体现了不同的民族性,这其实是有相当道理的。当然,梁漱溟隐而不发,没有展开逻辑论证,在我想来:一、当时的人都熟知国民性这个论题,也是时人谈论的热点,无须多说;二、这个问题展开论述的确是繁难之至,涉及太多领域,而且还不一定能说清楚,现在不也还没有一个关于国民性的公认的理论总结吗?更何况梁漱溟本就无意纠结于烦琐的学术考证,他只是想要回答他渴望回答的人生大问题而已!

在北大的生活

据《梁漱溟年谱》载,1917年5月,梁漱溟离开司法部秘书的职位南游,经苏州、杭州而至湖南。时值衡山的北洋军阀旧部王汝贤等率部溃走长沙,沿途军纪极坏,大掠而北。10月,梁漱溟由湖南回北京,溃兵此时亦正北撤,一路所见,触目惊心。他回京后有感于南北军阀战祸之烈,写出《吾曹不出如苍生何》一文,呼吁社会各界出来组织国民息兵会,共同阻止内战,培植民主势力,并自费印了数千册,分送他人。梁漱溟到北大任教后,还拿了若干册放在教员休息室,供人翻阅或自取。当时亦在北大任教的旧派学者辜鸿铭教授翻阅后,说道:"有心人哉!"胡适对这篇文章也很是同情与注意。事隔数年,他还对梁漱溟提起,说当日见了那篇文章,即在日记上记了一句话:"梁先生这个人将来定会要革命的。"——这实在是一件很有意思的事,同一篇文章,居然为当时新旧两派学者的代表人物同时关注,并且都表达了引为同道的期待。但事实的发展非常吊诡,似乎梁漱溟既满足了他们二人的期待,又都没有满足。

辜鸿铭所谓"有心人"的评价,当然不只是针对梁漱溟这篇文章所表现出的忧国忧民的热忱,他应当是看出了梁漱溟字里行间跃动的至大至刚的儒者情怀。梁漱溟诚然是有心人，他走上北大讲坛，就迫不及待为孔子说法，对他来说，为孔子说法不是于当时一片打倒孔家店的呼号中捍卫那个店长孔子，而是为中国寻求向上之路。这种行为有多少契合辜鸿铭的期许，实在难说。事实上，梁漱溟在打倒孔家店这一点上，和新派的意见是一致的。他捍卫的孔子，与当时旧派所捍卫的孔子，根本不是同一个人。然而，对于胡适来说，梁漱溟革命了吗？梁漱溟支持他们打倒孔家店，好像革命了，但梁漱溟又力挺孔子，认为中国传统文化必将复兴，这与新派的反传统南辕北辙，他似乎又是保守的。这就是梁漱溟在北大的处境——既不属于旧派，也不属于新派，旧派不满于他支持打倒孔家店，新派不满于他唱红原儒。他是孤独的。

梁漱溟并没有让自己陷于寂寞之中，他从不

在乎别人给他贴什么标签,也从不党同伐异,对于任何流行的思潮与观念,他都有自己基于生命向上的独立看法。关于中国传统文化,关于孔子,他心中有完整而坚定、独到而丰富的思想信念,他深信这思想信念是生命向上、种族向上的福音。他要告诉人们。他从不在乎特立独行,他是即知即行的,知而不为,坐而论道,在他那里根本就是对生命的懈怠与背叛。所以,孤独的梁漱溟一进入北大,就开始寻找同道中人。1917年10月4日,他在《北京大学日刊》发表一个启事:"顾吾校自蔡先生并主讲诸先生皆深味乎欧化,而无味乎东方文化,由是倡为东方学者,尚未有闻。漱溟切志出世,不欲为学问之研究,留一二年为研究东方学者发其端。"东方学是指中国孔学和印度佛学,主要是孔学。当时,北大是中国仅有的最高国立大学,"世之求东方学不于中国而谁求?不于吾校求而谁求？"这一广告是征求研究东方学术的学者。之后，他又在北大的哲学研究所开了一个孔子哲学研究会。1919年，他结识了熊十力、伍观淇，又经伍观淇认识了李济深（李任潮）、陈铭枢等人。他和这些人时相往来，论学问难，结成了一个朋友圈子，这个朋友圈子，从一定程度上说，决定了他此后30年的人生之路。在这个朋友圈子之外，他还吸引了一批北大学生与他同处共住，一起问学论道，他们是陈亚三、黄艮庸、朱谦之等人，这个圈子伴随了他们每个人的一生。

梁漱溟和熊十力的认识很有意思。民国初年，梁启超主编的《庸言》杂志某期刊出熊十力写的札记，内有指斥佛家，说佛家谈空，使人流荡失守的话，而梁漱溟则在《究元决疑论》中评议古今中外诸子百家，独崇佛法，并指名说"此士凡夫熊升恒……愚昧无知"云云。1919年，梁漱溟已到北大，忽然接得熊十力从天津南开中学寄来的明信片。大意是说，你在东方杂志上发表的《究元决疑论》一文，我见到了，其中骂我的话却不错，希望有机会晤面仔细谈谈。不久，熊十力到京，两人竟一见如故，成为一辈子的好朋友。后来，梁漱溟更介绍熊十力到南京欧阳竟无那里研修佛法，且于几年后，又力荐熊十力代替自己到北大讲唯识论，但熊十力所讲的新唯识论与梁漱溟理解的唯识论南辕北辙，梁漱溟大为不满，也大为后悔，却又无可奈何。当然，这并不妨碍两人相交。后来，梁漱溟到山东办学，搞乡村建设，熊十力都有相从和支持。梁漱溟晚年对熊十力的佛学有严厉批评，但又为老友辑录精粹，可见两人的高风古格。

　　伍观淇于梁漱溟来说可谓神人，可能是梁漱溟一生最为佩服的人。伍观淇一生经历颇富传奇色彩，比如他在军界前途远大时（他小师弟李济深经他介绍到广东后，成为粤军领袖），却抛弃一切到处求学访友，只因想为生命找个说法。最后，他找到了儒学这个安身立命之学，且对儒学慎独之学有极为独到的见解，梁漱溟认为那是只可与王阳明相提并论的贡献。梁漱溟对伍观淇的佩服还不在其发展了儒家学说，最为重要的是，伍观淇本人对慎独之学有深刻的力行，他把慎独之学从纸上的学问提升到了性命研修之学的境界，这是千百年难得一见的功夫。但伍观淇述而不作，晚年梁漱溟为伍观淇说法，保存了这门难得的学问。

伍观淇的慎独功夫从这样两件事可见一斑：他每天必要午睡一刻钟，说睡就睡，说醒就醒，一秒不差。梁漱溟北伐时到广东，当时伍观淇受李济深委托主政广东，一天中午，梁漱溟和一位朋友与伍观淇有事相商,伍观淇却说我要睡午觉了,一刻钟以后再说。他说睡就睡,一刻钟后果然醒来,毫厘不差,梁漱溟当时惊骇之至,以致终生难忘,多次说起。抗日战争时期,伍观淇自组游击队抗日,拉起了一支2000多人的队伍,但这些人马全部都化整为零潜伏在不同的地方,他身边只有200多人。一天中午,有人来报告,说有大量日军向营地而来,整个营中人心惶惶,以为大祸临头了。但伍观淇经过一番深思后说,大家不用慌张,各自警戒潜伏,敌人是路过的。他说完竟然躺在一把椅子上睡起午觉来,一刻钟后醒来,日军果然绕道而去了。

　　伍观淇一生对梁漱溟影响甚巨,他那非凡的沟通了天道与人道的慎独功夫,他那能把内在的修身功夫发而向外治国平天下的生命自由与自信,让梁漱溟对儒家有了深刻的认识,加强了对自身关于儒家观念的信心。另外，梁漱溟的婚事也是伍观淇促成的，梁妻即伍夫人的妹妹。而且，正是伍观淇的师弟这一批后来在国民党中享有极高威望的人，为梁漱溟到广东搞乡村建设提供了方便，虽因时局变化没有做成，却加强了梁漱溟搞乡村建设的决心，这才有了后来他长达近十年的河南—山东的乡村建设。

梁漱溟结婚也是一件很有趣的事情。1920年，梁漱溟放弃了出家之念，实际上也就放弃了外在的佛家生活方式。此后，佛学转化为他的内在修身之道，这样，结婚也就提上了日程。一次，他与伍观淇谈及此事，并就择妻条件发表了他的看法："在年龄上、容貌上、家世上全不计较，但愿得一宽和仁厚之人。不过，单是宽仁而缺乏超俗的意趣，似乎亦难与我为偶；有超俗的意趣，而魄力不足以副，这种人是不免要自苦的。所以宽仁超俗而有魄力者,是我所求,这自然不容易得,如果有天资大略近乎这样的,就是不识字亦没关系。"伍观淇大喜道:"你真能这样彻底吗?当真能够这样,那我现在就可以给你介绍一个可意的。"原来伍观淇的小姨黄靖贤28岁,尚未婚配,家境甚苦,没有求学机会,至今没说定人家。相亲时,黄靖贤衣着不甚合时样,气度又像个男子,同姐姐伍夫人站在一起,颜色反而见老。梁漱溟说:"凡女子可以引动男子之点,在她可说全没有。"当时,梁漱溟一度产生了拒绝的念头,要知他那时正值年轻,且名满京华,一时有失望于对方姿色这类世俗观念是完全可以理解的,但次日他还是答应了。梁漱溟后来在《悼亡室黄靖贤夫人》一文中说,他经过了一番考虑——实际上是思想斗争:"我第一想:我大概不会从交游女朋友中自己择婚的,势必靠旁人为留意;旁人热心帮助我的，自亲兄妹以至远近长辈亲戚亦很多，但究不如相知的师友其眼光可以与我相合。我反问自己，如果当真着重那些性情禀赋的条件，就必须信托师友；而朋友中伍先生所说的话，尤值得考量。第二我想：伍先生的话，在他自己是绝对真实的，我可以相信。他的观察力假令再有半数以上的可靠，那么，这女子便亦很有可取了。同时我想到，我先父假令在世，一定乐意这事。因为先父的脾气，每喜对于真有点价值可取的人，埋没风尘，众所不识者，特别识拔，扬举出来；他要主张我娶这女子，是可揣想得知的。第三我想到：我们那天会面时，伍先生当下径直点破见面为的议婚，而他则盼望我们一议而成，马上结婚，实在太唐突了这女子，如果不成事实，殊觉对不住她，于是就这样决定了。"

梁漱溟的娶妻条件与一般人何其不同，他所

要求的是一个能与他一同人生向上的人，虽基于生命本能一度有所动摇，但最终还是一贯的生命追求占了上风，他可说是真正做到了"好德如好色"。他的思想斗争也有着典型的梁氏特色：其一，着眼于生命向上的内在特质而非外在的生命体征，他信任伍观淇的观察力；其二，从他父亲一贯的处世风格出发，想其父所想，决计要于风尘中扬举不凡；其三，从为对方着想，非娶不可。这样的想法在一般人看来不免荒谬之极，然而，在梁漱溟却自然之至，盖因他一向想着的就是如何有益于自己的生命向上，如何有益于他人的生活美好。事实上，从婚后生活和梁漱溟后来的悼念文字来看，伍观淇果真给他介绍了一个了不起的妻子。

梁漱溟在北大有这样一些杰出的朋友和学生与他谈学论道，他又从形式上放弃了佛家生活，于1921年结了婚,有了自己的家庭,其生活之充实,精神之饱满,是显然的。而且,随着《东西文化及其哲学》的发表,他成了社会上的著名学者,全国各地的讲学邀请与慕名而来的问道者大增,其生活与交友的丰富程度更是水涨船高。一时之间,他在北大的事业可谓蒸蒸日上,一种学者名流的生活方式似乎正在向他敞开。

第三章

曹州办学与乡村建设

离开北大的原因

梁漱溟的北大教学生涯应当说是极其辉煌的。学术上,他一鸣惊人,光芒万丈,正有无限的学术成就待其撷取;胜友如云,往来皆一时俊杰,切磋学问,性情相交,何其充实!备受学生爱戴,甚至有求学问道者不远千里而来。真可谓社会名流、杰出学者、青年导师的人生坦途在他脚下铺展开来。然而,1924年,他31岁,风华正茂,却断然辞去了北大教职,这是何其不可思议!

然而,从梁漱溟一贯的生命追求来看,这正是他人生向上的身体力行。

1925年,因山东政局变化,梁漱溟从曹州回到北京,熊十力和一些学生随行,他们在北京什刹海东煤厂租房,师生十人共住共学。"朝会"自这个时候开始进行,他这样记载:"如在冬季,天将明未明时,大家起来后在月台上团坐。疏星残月,悠悬空际;山河大地,一片静寂,唯闻更鸡喔喔作啼。此情此景,最易令人兴起。特别感觉心地清明、兴奋,觉得世人都在睡梦中,我独清醒,若益感到自身责任之重大。在我们团坐时,皆静默着,一点声息都无。静默真是如何有意思呵!这样静默有时很长;亦不一定要讲话,即讲话亦讲得很少。无论说话与否,都觉得很有意义。我们就是在这时候反省自己;只要能兴奋、反省,就是我们生命中最可宝贵的一刹那。……'朝会'必须要早，要郑重，才能有朝气；意念沉着，能进入人心者深，能引人反省之念者亦强。"

1926年，梁漱溟开始写《人心与人生》一书，边写边给学生们讲。主要讲"人类是从生物进化演变上来的"，"生物进化到人类，才开始突破了本能而得以大解放，开出了人类的创造性"，"生生不息地在那里向上翻新"。

我把他当时的这些活动与言论抄录于此，盖因这里蕴含着他辞去北大教职的根本原因。在朝会中，他提到了反省，一个人的人格成就，修养功夫，若无反省，是不可思议的。梁漱溟一生时时反省，所以他能不断吸收各种观念，勇于种种实践。他在那个时候，反省到了什么？他反省到"感觉心地清明、兴奋，觉得世人都在睡梦中，我独清醒，若益感到自身责任之重大"。在关于《人心与人生》一书中,他提出,人类从生物进化演变而来,在于其突破了本能。本能是什么?他首先认为一切生命包括人类,本能即求活命和种族繁衍,而唯有人类能突破这一本能,有了精神上的创造性要求,始有了人类文明。而后,他又把人类本能泛化为人类的种种文明局限,认为人类文明的不断提升,正是人类创造性的体现,人类将永远生生不息地向上翻新。他为自己人生向上的信念找到了理论依据,他是注定要以自己的生命践履"人类生生不息地在那里向上翻新"的。而且,世人既然都沉睡于本能的梦境之中,他这得窥天道的独醒者,是无论如何也要向世人布告天道之所在的,这是他的天命,也即是他所谓责任!

由此可以看出,梁漱溟之离开北大并非草率冲动的决定,而是基于一种深刻的形而上的生命驱动。他无法容忍生命处于停滞状态,特别是在他深深体察到了这生命具体的停滞不前状态与原因时,他怎么能忍受?当然,这是内在的原因,还需要有外在的契机。梁漱溟当时如何看待自己的生命状态呢?

1924年,泰戈尔来华,徐志摩约梁漱溟与这位印度诗哲一谈。面对泰戈尔关于儒家不过一些伦理纲常,何以中国人信其有若宗教的疑惑,梁漱溟说了这样一番著名的话:"《论语》上说:'吾十有五而志于学,三十而立,四十而不惑,五十而知天命,六十而耳顺,七十而从心所欲不逾矩。'所有这一层一层的内容,我们虽不十分明白,但可以看出他是说的自己生活,并未说到社会。又如《论语》上孔子称赞其门弟子颜回的两点:'不迁怒,不二过',也都是说其个人本身的事情,未曾说到外面。无论自己为学或教人,其着重之点，岂不明白吗？为何单从伦理纲常那外面粗的地方来看孔子呢？这是第一点。还有第二点，孔子不一定要四平八稳，得乎其中。你看孔子说：'不得中行而与之，必也狂狷乎！'狂者志气很大，很豪放，不顾外面；狷者狷介，有所不为，对里面很认真；好象各趋一偏，一个左倾，一个右倾，两者相反，都不妥当。然而孔子却认为可以要得，因为中庸不可能，则还是这个好。其所以可取处，即在各自其生命真处发出来，没有什么敷衍牵就。反之，孔子所最不高兴的是乡愿，如谓：'乡愿德之贼也。'又，'过我门而不入我室，我不憾焉者，其唯乡愿乎！'乡愿是什么？即是他没有他自己生命的真力量，而在社会上四面八方却都应付得很好，人家称他是好人。孟子指点得最明白：'非之无举也，刺之无刺也，同乎流俗，合乎汙世，居之似忠信，行之似廉洁，众皆悦之,自以为是,而不可与入尧舜之道。'那就是说外面难说不妥当,可惜内里缺乏真的。狂狷虽偏,偏虽不好,然而真的就好。——这是孔孟学派的真精神真态度。这与泰戈尔所想像的儒家相差多远啊!"

这段深获泰戈尔好评的话,说的是梁漱溟对儒家生活内在性、精神性的体认,结合他当年离开北大的决定,从中不难看出他对自己在北大生活的反思:在北大继续教书固然四平八稳,也能获得学者名流、青年导师的炫目头衔,却非受自己生命的真力量的驱动,不过是儒家最为憎恶的乡愿而已。身体力行才是真正为孔子说法,他离开北大实在出于对自身生活固化的警惕。当然,梁漱溟是终生感激北大和蔡元培的,他后来多次撰文纪念蔡先生,其中有这样的话:"我在北大前后共七年,即自民国六年至十三年(从新思潮的酝酿、五四运动的爆发,到国民党改组)。中间曾因脑病求去两次,皆经蔡先生恳切挽劝而留住,其详不烦说了。七年之间从蔡先生和诸同事诸同学所获益处,直接间接,有形无形,数之不尽。总之,北京大学实在培养了我。"不错,梁漱溟固然得天独厚而得以人格早成、思想早熟,但他之思想的系统化却自北大始。正是北大这一五四新文化运动的中心,这人才与新思潮、新气象汇聚之地,给予了梁漱溟丰富的思想、知识等自学资源以及与时俱进的生命动力,正是北大培养了他。然而,在北大日久,他也越来越感受到了北大所代表的新式教育理念与自身从小因自学而形成的教育理解,以及他基于《东西文化及其哲学》所理解的教育的深刻思想冲突。在他看来,以北大为代表的新式教育只注意知识传授,不顾及学生的全部人生道路的指引,严重违背了人类生命向上的正确方向。

北大七年，梁漱溟从来就没有搞学术的意识，他写《东西文化及其哲学》正是在研究中国问题与人生问题，试图给出答案。他在北大从事的是教育，具体内容用他自己的话来说，就是给孔子说法。然而，给孔子说法的目的是什么呢？自然是希望孔子的人生之学能为青年学生明晓及至发扬于自己的人生。然而，他所置身于其中的教育显然与此大相径庭，且弊端重重。从他后来的一系列关于教育的言论来看，他在北大期间已经有了关于教育的比较成熟的看法，而后在具体的社会活动，比如办学与乡村建设过程中，他把这些看法一一阐述出来，指导办学与乡村建设，自然呈现出一种体系。盖因梁漱溟根本就不是就教育谈教育，于他而言，因为教育问题本质上是人生问题和社会问题。既然如此，那么，他已经有了既定的思维原点，就是他在《东西文化及其哲学》中阐明的文化学说。正是从东西方的不同文化出发，他发现中国教育的问题正是当时中国文化遇到的问题，解决中国教育问题也就是解决中国文化问题，而解决中国文化问题也就是解决中国（近代化）问题。

他在《东西文化及其哲学》中已经指出国人经过百年艰苦的实践，最终发现中国问题其实就是文化问题。具体说来就是，中国问题不是自生的而是外发的，因西洋文明的传入激发出来的。何以西洋文明能激发我们的文化问题呢？盖因西洋物质文明极其发达，一旦与其接触，我们即溃不成军，一败涂地，唯有学习而已。也就是说，这百年的曲折历程就是我们自觉接受西洋教育，不断学习的过程。但奇怪的是，我们的学习结果是一个不断下行坎陷的过程。我们学人家的坚船利炮不行，学人家的管理方法不行，学人家的立国制度还是不行。这种背景下，已有人提出抛弃中国传统文化，全盘西化的主张，但真的可行吗？况且，西方不也因已至大成的现代化而问题重重，出现了反现代化的现代化——社会主义吗？再者，我们中国的问题这百年来不是越来越轻了，而是越来越严重了：道德沦丧、伦理崩溃、社会上下层断裂、民不聊生……问题到底出在哪里？梁漱溟自然给出了答案，那就是他的三期文化学说。我们几千年来一直没有解决人类第一层次的问题——人对物的问题。为什么？因为决定我们的道德伦理、风俗习惯、思维方式、立国制度的文化内核是属于人类第二层次，即人对人的文化。那么现在怎么办？西洋文明已经进来了，人们已经全面深入地接受了西洋文明的影响，但因与我们固有的文化态度不适切，社会问题与人生问题因此更为尖锐。我们已经没有办法回到过去的状态了，我们只能想办法解决。怎么解决？当然是发展我们的物质文明以求其与我们的固有文化相融合，使中国全面进入第二期文明。如何做呢？既然西洋高度发达的物质文明是基于团体组织生活与民主科学达成的，那么我们就必须要有自己的团体组织生活和民主科学。当然，我们不能像西方那样通过血与火的斗争来形成组织，进而在此基础上发展出民主科学，而应该基于我们中国的传统文化构造一种独特的团体组织生活，而后在此团体组织生活中发展经济，从而推动科学民主的发展。也就是说，在中国的五伦之中加入组织一伦，以伦理情谊、人生向上为根本宗旨，在和谐的团体生活中完成这项历史任务。

那么，这与教育有什么关系呢？在梁漱溟看来，人类过什么生活，最根本的其实是一种习惯。

他认为习惯对于个人和社会都极为重要,它使个人的性情、气质和社会的礼俗、制度联系起来,成为个体和社会群体的中介。如此,习惯首先是个人后天学习和接受社会熏陶的结果。梁漱溟认为,习惯的创新和改造需要个体和社会群体之间的相互作用,他说:"学习始于幼儿模仿成人,所以习惯之事既是个人的,又是社会的。没有模仿因袭无以成习惯,但社会上一种习惯固创始于个人,乃风行于群众间。虽云创始,却无不有其所资借的基础,即无不是在因袭中有所更改,掺入新成分者。其所因袭莫忘是先存在社会的。这样,所谓习惯便是从社会到个人,从个人到社会循环不已的事。"所以,习惯的养成要靠身体力行,用心坚持,即本于人生向上通过力行来养成良好的人生习惯。中国人的习惯都是在过往的文化伦理生活中形成的,自私、散漫、没有公德心等,都是致命的缺陷，只有团体组织生活才可改观，而这就是教育。也就是说，梁漱溟的教育是一种终身学习的教育，是一种社会化的组织生活，其终极目的是，改造传统伦理关系里第五伦"朋友"这一伦理关系私人交往的性质，以团体生活化合激发出具有公共精神的全新伦理品格，从而解决中国问题。

既然梁漱溟对教育有着如此宏观的正见卓思，那么，北大七年，他对中西方教育的区别自然洞若观火了。

他是这样论述中西教育的（经过笔者的概括）：西洋人的教育偏重在知识一边，如各种自然科学之教；中国人的教育偏重在情意一边，如孝悌之教。东西方的教育，各有所得，也各有所失。其实，合理的教育，对于知识与情意都是必要和不可偏废的。知识是生活的工具，人类文明的进步有赖于知识的传播繁衍。西洋人的人生路向导致了他们的科学发达，并视知识为生活的指导，认为自然界的问题需自然科学指导，社会人事问题需社会科学指导，知识传授成为西洋教育中最重要的事情。中国人则不然，讲究率性与直觉。生活方面，习惯于以个人经验、意见、心思、手腕应付。没有真正的知识，所用的只是些不精细、不确实的东西。所以说，知识的授予与智慧的启迪，是西洋教育之得，而恰为中国教育之失。而情意可谓是一种本能，但并非说，情意不需要教育。生活的本身全在情意方面，而知识只是生活的工具。工具弄不好，固然生活弄不好。而生活本身即情意方面没有弄得妥帖，因此工具虽利而无所用之，或转自遗弃，所以情意教育更是根本的。二者相比，情意教育应居首位，知识教育居其次。中国的孔子，一生的职志在借礼乐去调理人们的情意，导人以一种合理的生活。中国几千年来的教育，正如孔子所示，重视孝悌忠信，看重道德的教化，而从旁调理情志以顺导本能，培养人的身心条理，引致生命活泼。就注重人的生命本身的情意教育来看，正是中国教育之得；而忽视人的人生本身，疏于教化，也恰为西洋教育之失。东西方教育的不同，其原因是双方文化路径的根本异趣。

从中西方教育的得失出发，他认为中国教育的问题总的来说有两点：一是不合教育的本质目的。教育的任务，"原是长养人发达人的智力体力各种能力的，但照现在，结果却适得其反"。不但没有长养人们的体力，反倒戕害了他们的健康；不但没有长养人们的智力，反倒窒塞了他们的智慧，使聪明人变得愚饨，使有能力的人变成无能力的废物。二是不合教育的理想。教育应当趋向于理想而走的。一方面在事实上要接近现实，另一方面要在精神上超脱现实，领导现实。但现在的教育恰恰相反，在事实上，它离开现实社会，不合实际且与实际抵牾；在精神上，又随波逐流，跟着社会走，全无半点理想，无法领导社会，反贻害于社会。他列举了种种具体表现：学校教育表现出一种非平民化的倾向，使学生养成一种贵族化的生活习惯。乡间儿童进入县城高小读书，慢慢地乡间饭不能吃了，旧时衣服不能穿了，对乡间生活产生了种种看不惯、耐不得。在洋学校里，小学生就是小贵族，大学生就是大贵族，女学生就是女贵族，日常起居，宿舍教室，都要佣人来伺候。而社会上又贫富不均，致使人们的消费享受机会也呈不平等状态，而这不平等莫过于受教育机会的不平等。剥夺了受教育机会，给"人生的悲惨远过于其他的遭遇，更断了他以后增进经济地位的机会"。这种不平等，实在是太残酷了。梁漱溟对当时新式教育中一切都"照章办理"的"太法律制裁化"情形，时时感到不安。认为国家用法律制裁人，那是不得已而为之。国家在利用法律制裁的同时，还要强调用教育的手段来弥补法律之不足。如果办教育不讲教育而过于讲法律，那尽可不办教育。

他对教育的期望太高，也因此倍感失望。他之所以离开北大，正是他个人心性一贯忧国忧民的体现，是他人生向上信念的驱动，是他儒佛思想体现在生命实践上的逻辑必然。

自然，梁漱溟离开北大，还有一些外在的契机，而这个契机即两个人——王鸿一与卫中。梁漱溟是在一次离京外出讲学的过程中认识卫中的，卫中是一个外国人，却跑到中国来搞教育，其教育思想对梁漱溟产生了极大的影响，其身体力行的教育实践对梁漱溟也有很大的冲击与启示。我认为，梁漱溟想自己办教育的契机，某种程度上来自卫中思想与行动的刺激。当然，王鸿一起着更为关键的作用。王鸿一是梁漱溟一生伟大事功的最直接、最有力的促成者，是梁漱溟生命中最重要的人之一。

在与王鸿一相识以前，梁漱溟主要是专心于人生问题和社会问题的理论思考。他提出了用中国传统文化自救的想法，并借助中西方文化的理论分析中国现实，得出了必须要农村立国的洞见，但如何通过农村立国以自救却还拿不出具体方案。1920年，梁漱溟在北大作《东西文化及其哲学》的演讲，当时就读于北大哲学系的陈亚三是王鸿一的学生，暑假回乡时陈亚三把梁漱溟及其思想介绍给了老师。王鸿一专程到北京访问梁漱溟，两人开始交往。次年，在王鸿一的奔走下，时任山东省教育厅厅长的王诺以济南暑期演讲会的名义邀请梁漱溟到济南讲演《东西文化及其哲学》，此次相见，使他们甚感思想抱负志同道合。

王鸿一初知梁漱溟的理论即如饮甘醇，着迷之极。在认识梁漱溟之前，他的思想也在通过多年的试错后渐趋成熟，以为中国还得靠传统文化救国；加之王鸿一长期奔走于山东、河北、山西一带，有村治的经验，便产生了以村治推行传统文化伦理以救国的想法。认识梁漱溟后，从他那里获得了更为清晰的传统文化救国思路，自然把自己的村治理想寄托在了梁漱溟身上。当然，梁漱溟与王鸿一接触后并非从一开始就对村治抱有信心，他那时更多的心思是放在教育上，所以，1921年，王鸿一与他认识后提出了要办山东曲阜大学的设想，让他颇为动心。但好事多磨，办大学一则经费不足，二则人才短缺，所以最终便有了一个折中的想法,即先办曹州中学,然后一边培养人才,一边摸索办学经验,到条件成熟时就以曹州中学的班底再办曲阜大学。

显然,基于对教育现实的失望,也基于对教育的深刻理解和宏观把握,加之又有王鸿一提供的办教育的机会,梁漱溟毅然决然辞去了北大教职,前往曹州办学。他亲撰的《办学意见述略》谈及办学动机时说:

"我们的真动机是在自己求友,又与青年为友。……所谓与青年为友一句话含有两层意思:一、是帮着他走路;二、此所云走路不单是知识技能往前走,而实指一个人的全生活。然现在学校的教育则于此两层俱说不到。……教育应当是着眼一个人的全生活,而领着他去走人生大路,于身体的活泼、心理的活泼两点,实为根本重要;至于知识的讲习,原自重要,然固后于此。……因为要在全生活上帮着走路,尤非对每个学生有一种真了解——了解他的体质、资禀、性格、脾气、以前的习惯、家庭的环境,乃至他心中此刻的问题思想——而随其所需,随时随地加以指点帮助才行。""要办教育,便须与学生成为极亲近的朋友而后始能对他有一种了解,始能对他有一些指导。我们办学的真动机,就是因为太没有人给青年帮忙,听着他无路走,而空讲些干燥知识以为教育,看着这种情形,心里实在太痛苦,所以自己出来试办。再具体的申说两句,就是我们看青年学生中大概似不外两种人:一种是堕落不要强的,在学校里就鬼混,毕业后就谋差赚钱挥霍;一种是自知要强的而常不免因人生问题、社会环境而有许多感触,陷于烦闷痛苦。像这两种人,你只对他们讲功课,实在不中用。现在青年在这种情况下,自己走投无路,实在可怜!我们想与他为友,堕落的怎样能引导他不堕落而奋勉；烦闷的怎样能指点他而得安慰有兴致。总而言之，都要他们各自开出一条路子来走；其如何求知识学问，练习作事，不待言而自然都可以行了。论到从堕落引转而不堕落，从烦闷引转而不烦闷；这段起死回生的神功，谁敢轻容易说这句话；确实来说我们并未必能帮助得几何。不过鉴于别人全不管，我们极想从此点尽力则是真的。次当说我们自己求友之一义。我们办学一面固是想与青年为友，一面亦是自己求友；一面固是帮青年走路，一面还想得些有心肝的好汉子大家彼此帮助走路。学生固常不出堕落、烦闷两边，便是我们个人何尝能免于此？即不堕落不烦闷了（殆难有此），难道知识学问其他能力亦已完足？人生始终是有所未尽而要往前走的，即始终是有赖师友指点帮助的。照我的意思，一学校的校长和教职员原应当是一班同气类的，彼此互相取益的私交近友，而不应当只是一种官样职务的关系，凑在一起。所谓办教育就是把我们这一朋友（集）团去扩大他的范围——进来一个学生即是这一朋友团内又添得一个新朋友。我们自己走路，同时又引着新进的朋友走路；一学校即是一伙人彼此扶持走路的团体。故而，我们办学实是感于亲师取友的必要，而想聚拢一班朋友同处共学；不独造就学生，还要自己造就自己。"

此时，他的教育思路还是从个体人生向上这一点出发的，还没有涉及整体的社会向上，他着眼的还是人生问题而非中国问题，但已经足够他本着儒家知行合一的信念离开北大了。从此，他开始了自己长达近三十年的社会活动，在追求自己的人生向上中为社会向上孜孜不倦，奔走辛劳。

渡过精神危机

遗憾的是，曹州办学失败了，这给梁漱溟以很大的打击，一度陷入精神危机，甚至在思想上也出现了反复，这是他一生中唯一的一次。当然，他的痛苦与迷惘不在于个体生命的修炼出了什么问题，而在于他多年来日见清晰地摸索出的中国出路又陷入迷雾中，他不知道该怎么办了。1925年，他与熊十力和一班学生从曹州回到北京，在什刹海东煤厂租房，师生10人共住共学，"朝会"自此开始。同时，专心辑印他父亲梁济的遗著。实际上，这个时候的他是倍感苦闷与无聊的，而辑录父亲的遗著，正是人穷则返本的生命本能，他想在父亲的生命中获得力量与启示。当然，从思想动摇中走出来还需要时间，所以，李渊庭在其年谱中这样记载："是年（1925），正值北伐前夕，南方革命空气高涨。李济深、陈铭枢、张难先三位先生来信，以革命大义相责勉，促先生速南下，而先生此时对中国大局之出路正处于疑闷中，'自己胸中犹豫烦闷无主张，要我跟他们一齐干，还不甘心；要我劝他们莫干，更无此决断与勇气，则去又何用？'"其实，当时的梁漱溟不仅对国民党在南方的革命行动心怀疑虑，对王鸿一在北方的乡村自治活动也同样观望犹疑。他后来在《主编本刊之自白》中说："民国十三年间，王鸿一先生联合米迪刚先生创办《中华报》，请尹仲材先生为主笔；组织一研究部，要从村治之道讨论得一具体建国方案。我全不参加。""王鸿一先生他们以讨论所得结果，出一本《建国刍言》；内容先谈原理，后提出'中华民国治平大纲草案'。大纲上第一条规定了传贤民主国体，第二条规定了农村立国制；我颇点头承认。然我总不敢信，就是这样便行。《建国刍言》出版时，鸿一先生要我作篇序文，我都作不出。十五年（1926），鸿一先生避居东交民巷，我们还时常见面谈这个问题。"

但是，南方轰轰烈烈的形势还是给梁漱溟带来了一定的触动，他想去看看。于是，1926年9月，他离京南下，原想去武汉会见统帅北伐先锋队的陈铭枢，未成，又转趋上海、南京。他后来说了自己当时的心境："到十五年（1926）北伐，这种新兴运动到达长江，全国震动，青年界尤为兴奋。在大局沉闷阴霾之中,忽睹此一点阳光朝气,自是使我们同情和注意,我亦于九月南下,想到武汉会见陈真如先生。而且新去广东那两个朋友(王平叔、黄艮庸)亦随师北伐一路到了武汉。但结果我未曾到武汉,只到了上海、南京;旋即北返。"次年春,王平叔、黄艮庸两位学生回到北京,讲述了他们随军北伐的经验和感想,针对学生们所讲,梁漱溟有这样的总结:"正有不待切磋而各自觉悟者。……于一向之所怀疑而未能遽然否认者,现在断然地否认它了;于一向之有所见而未敢遽然自信者,现在断然地相信它了!否认了什么?否认了一切的西洋把戏,更不沾恋!相信了什么?相信了我们自有立国之道,更不虚怯!天下事,有时非敢于有所舍,必不能有所取,亦不敢有所舍。不能断然有所取舍,便是最大苦闷。于所舍者断然看破了,于所取者断然不予放过了,便有天清地宁，万事得理之观。"

从1925年曹州办学失败到1927年弟子北伐归来，两年时间，梁漱溟走出了精神危机，农村立国、乡村自治的信念坚定了下来。1927年他到广州，见到李任潮时，就发生了这样的事："自民国九年底，任潮先生离京回粤，我们已六七年不见。我一见面就问他：从他看现在中国顶要紧的事是什么？任潮先生原是厚重少文的一位朋友；他很迟重地回答：最要紧是统一，建立得一有力政府。我问他：怎样才得统一呢？他说：我是军人，就要军人都拥护政府。——这所谓政府自是党的政府，非个人的。我冷然地说道：国家是不能统一的；党是没有前途的；凡你的希望都是做不到的！他当下默然。我南游之意，实没有想去发布我的见解主张。因为那时还是十三年改组后的国民党正盛时代，岂容得异样言论？所以去时原就预备闲居读书，慢慢等待时变，希望过一年半载或有机会到来。我在广州住了一周，即同艮庸到他乡间——新造细墟——去歇暑。"(《梁漱溟年谱》)梁漱溟如此断然地否定了当时如日中天的国民党，盖因他已经成竹在胸矣！

梁漱溟成竹在胸的，当然是他对乡村自治的确信，何以他1926年还有所疑虑，而次年即完全确信了呢？1928年，他在中山大学作《如何成为今天的我》的演讲或可作为答案。他在这次讲演中说到了自己走的路，此路由浅入深共八层，梁漱溟谦虚地说他走的路是前四层，后四层的境界他还远没有达到，只是差不多望见而已。哪前四层呢？一、因为肯用心思，所以有主见。二、有主见乃感觉出旁人意见与我两样。三、此后看书听话乃能得益。四、学然后知不足。这看起来是谈的学术成长路径，实则是说的人生之路——他独特的人生之路。所以他最后特别强调："我始终不是学问中人，也不是事功中人；我想了许久，我大概是问题中人。"这些话不独是体现了他对自身的清醒认识，更是对他那两年思想由困惑而至明朗的夫子自道。要知梁漱溟是带着解决中国问题的雄心到北大的，他从来都不是一个书斋里的学者，其《东西文化及其哲学》包含着对中西社会历史与现实的深刻观察与总结，也就是说，他的理论并非来自书斋，他也无法从书本中获得学问——他根本就没系统读过四书五经——他的思想与学术无不来自他的生命活动。他对孔子的理解其实更多的是一种生命与生命的印证和共鸣。

既然要解决中国问题，梁漱溟对中国现实的思想潮流与政治局势就时刻处在高度关注之中，他之所以能写出《东西文化及其哲学》得益于此；离开北大后，经过几年的犹疑彷徨，他最终走上了乡村建设之路，也得益于此。梁漱溟的特出之处在于，他始终能以他的思想吸纳现实、分析现实、消化现实，而后进一步拓展自己的思想再用于解剖现实。盖因他的思想自成体系，能够对现实作出别具一格的分析判断。

考诸梁漱溟这两年的经历，不难想见他所说的"肯用心思所以有主见"即指他对中西文化的基本观点，以及建立在此之上的中国之路的大致方向。但具体怎么做，他那时并不敢确定，而他的同时代人关于怎么做，也有各自的答案，而且很具体。当时在中国流行的几种救国方案，其一是走西方宪政民主之路，其二是走俄罗斯的布尔什维克革命之路，其三是走乡村自治或教育救国之路。他能明确感受到别人与他一样志在解决中国问题，而且路径明显不同，他需要对自己和他人的异同，以及合宜与否作出分析判断，这并非是一件容易的事。梁漱溟是个认真的人，不肯随大流，他必须苦苦思索以求得解决之方案。比如，他从小读报刊杂志就热心于立宪民主，也深知立宪民主确实能给人以生命向上的生活。再比如，他是认可社会主义思想的，特别是社会主义思想对私有制的批判和对公有制的倡导更让他深以为然，以为实乃解决人类不平等问题的唯一良方。

这些主张都是好的，但如何实现呢？在当时的中国，似乎国民党和大部分知识分子走的是第一条路，即通过统一全国达成宪政民主。所不同的是，国民党基于中山先生的建国纲要，要把这个宪政民主分三步走——军政、训政、宪政。而共产党走的是另一条路，即通过暴力革命达成公有制社会主义社会。还有一部分知识分子，走的是教育救国之路，晏阳初、黄炎培、陶行知等人的教育实践已经在全国掀起了相当大的动静，引起了社会的广泛关注。当然,王鸿一和他们有所不同,他要走的乡村自治之路,是把教育和习俗的改革扩大为建立乡村自治政府,把村落自治政府看作解决中国问题的关键。王鸿一以为村落自治政府包含中国传统的政治思想和教育思想,并且能够解决中国的经济问题和政治问题。王鸿一的气魄显然更为宏大,晏阳初等人并没有把教育上升到政治的高度。从当时的局势来看,王鸿一虽然有一个宏大的纲领,却显然不具备可行性,因为他没有自己的势力,做起来困难重重,不似国民党与共产党都有自己的军队和政权,都可通过武力统一全国,从而推行本党的路线方针。梁漱溟那些年肯定为此苦恼过,所以,那段时间,他一方面看书静修,检讨自己的思想;另一方面密切关注社会,与王鸿一和国民党方面的人频频接触。这就是他之所谓看书、听话、学习,知自己之不足。

那么，他最终的结论是怎样的呢？首先，他否定了宪政民主之路。宪政民主之路不是不好，而是其多数民主的性质，不合于中国文化与现实。不合于现实，盖因中国要走民主宪政之路的只是少数知识分子，而绝大多数普通民众对此一无所知，如何可以推行多数政治？不合于中国文化，盖因"此制度所需于社会众人之心理习惯，必依之而后得建立运行者，乃非吾民族所有；而吾民族固有精神实高越于其所需要之上"。他同时指出："欧洲近代政治，实是专为拥护欲望，满足欲望，而其他在所不计或无其他更高要求的。我名之曰'物欲本位的政治'。从来的中国国家断断乎做不到此，要亦未甘如此，不屑如此。"所以"则我之不能学他，亦既可明白矣"。

其次，他否定了共产党之路，并非因共产党

走的是暴力革命之路，而是认为共产党机械模仿苏联，大搞阶级斗争，分化农村，完全不合于中国农村伦理化的生存现实。同时，对国民党北伐革命，他也从性质上给予了否定。他认为革命是秩序的彻底改变，也即社会结构的全面变化，打倒军阀不能改变中国的旧有秩序，因为军阀的存在本身就是中国几十年来无稳定秩序的结果。对于统一，他也有自己的看法：他不认为国民党等能统一全国，他认为他们这种违背中国文化固有精神的统一，只能使中国陷于更深的混乱。那么，怎么办呢？基于其文化理论与思想体系，他最终认为，只有乡村建设可以解决所有这些中国问题，于是他认可了王鸿一的主张，并很快接手《村治月刊》，在这个刊物上连发重量级文章，阐明乡村建设的理论与纲领。当然，他吸纳了王鸿一的部分思想。

1930年5月,王鸿一病逝于北平,梁漱溟哀痛之至,在《悼王鸿一先生》一文中写道:"先生往矣,先生精神所感受于人心而遗于后者,得不失焉。得田以继续发挥光大之焉,则近为民族所利赖,远为人民所利赖,是在先生同有其不朽者矣!继续先生之精神,薄劣如愚,虽知其不能堪,顾得已于自奋乎!"这番肺腑之言既可见两人之间浓厚的情谊,也从侧面反映了王鸿一对梁漱溟的影响。

梁漱溟的乡村建设理论原本有其东西方文化学说作为理论原点,而后他在王鸿一的引导下熟悉农村了解农村,对王鸿一的"村本政治"思想从隔膜到认同,最终吸纳进自己的乡村建设理论中,并在王鸿一的协助下开始付诸实践。对这一点,美国学者艾恺评述道:"王鸿一终于还是想出了一个乡村改革计划,并最终成功地使梁漱溟转向了乡村重建工作。"哈佛大学历史和东亚语言文明教授孔斐力也说:"这个村治派终于引起梁漱溟的注意,梁漱溟接着成为儒家思想导向的乡村建设派的最有影响的人物。"

考诸王鸿一与梁漱溟的交往,可见王鸿一实际上不只是契机,他的思想与行动,他与梁漱溟的相与往来,既使梁漱溟的乡村建设理论迅速成形,也为梁漱溟的乡村建设奠定了坚实基础。

乡村建设理论

梁漱溟的乡村建设理论是他《东西文化及其哲学》思想体系的方法论，他终于把抽象的思想变成了具体的实践纲领，就知行合一而衡量其思想体系，此时算是彻底成熟。既然如此，就要开始行动了。梁漱溟一向如此，不会有一日的生命懈怠。1929年秋，他到河南辉县百泉村治学院，受聘为村治学院教务长，并被推定拟写《河南村治学院旨趣书》及组织大纲、学则、课程等文件。村治学院设农村组织训练部、农村师范部,于12月招收学生。其《河南村治学院旨趣书》,在社会、政治和经济方面用中西对比方法,阐明何以主张从村治入手,达到民族自救,振兴中国的目的。他说:

> 然则吾民族自救之道将何如?天下事顾未之思耳,思则得之。夫我不为一散漫的村落社会乎?一言以蔽之曰求其进于组织的社会而已。组织有二,一曰经济的组织;一曰政治的组织。欲使社会于其经济方面益进于组织的,是在其生产及分配的社会化。生产的社会化,欧人资本社会既行之矣。其分配问题犹未能焉。分配问题不解决,因缺欠组织之大者。共产革

命殆为不可免也。……然是在我则或不为难。吾民族精神向来之所诏示于此至为符顺，一也。生产曾未发达则两面的社会化问题同时并进其势至便且易，二也。吾为农国，农业根本不适于资本主义而适于社会主义，三也。使旧日主于自给自足的经济而进为社会化，则散漫的村落将化为一整组织的大社会；是曰社会主义的经济组织之社会。其美善岂不度越于欧人乎！欲使社会于其政治方面益进于组织的，是在其政治的民治化。政治的民治化愈彻底，则社会于其政治方面益进于组织的。所谓政治的民治化者，含有个人自由权的尊重，公民权的普遍之二义。欧人于此实为先河。然此需于社会个个分子知识能力之增益充裕者极大，而其经济上地位的均齐自亦为关系所在。欧人以产业发达文化提高，于前一点似得其大概；而以资本主义的经济之故，于后一点则形成不齐之阶级。故其政治的民治化遗憾正多。如顷所言，我于生产分配的社会化不难并得，则真正民治主义的政治组织之社会可以实现。其美善岂不度越于欧人乎！

吾民族之所当务尽于是欤？曰尽于是矣！凡子所求，靡不可得；子所不欲，莫或致焉。欧人所长，组织一义尽之矣。欧化之弊，畸形的发达一言尽之矣。换言之，即其组织之犹有欠焉。由其经济上组织之缺欠，而富力集中于都市，集中于少数人以形成一殊强阶级，而社会乃病。由其政治上组织之缺欠，而权力集中于国家政府，以从事野心的武力与外交，而世界乃病。总之，凡集中过剩之力靡不有所伤害，经济上过剩之力政治上过剩之力隐显为一，相缘愈强，其为祸又以益烈，是则今欧人所自苦莫能挽止者也。中国社会所患在散漫无力，而夙鲜集中过剩之弊，则其幸也。是其所当务，在求进于组织甚明，乃吾往者所为，不于组织是求，而唯其富强是求。富力的集中过剩，以搁于不平等条约卒莫能行。权力的集中，武力的过剩，则以有千年不进步的政治旧习为因缘，乃一发而莫收，突飞如不系，以颇具组织之欧人犹且感其难于制御者，此散漫无组织的村落社会更难从而制之，有不任其伤害以至毁灭者乎？盖唯社会益进于组织的，而后富与权二者乃直接综操于社会，间接的分操于社会个个分子，斯可免除一切伤害，求得一切福利。顷所云所求靡不得，所不欲莫或致者，意谓此也。

斯言信美矣！顾其道何由？曰是在村治。……农村产业合作组织既立，自治组织乃缘之以立，是则我所谓村治也。盖政治意识之养成，及其习惯能力之训练，必有假于此；自治人才与经费等问题之解决，亦必有待于此。顷所谓藉经济引入政治，实为不易之途；有异于此者，断知其失败而已！乡村自治体既立，乃层累而上，循序以进，中国政治问题于焉解决。中国政治问题必与其经济问题并时解决；中国经济上之生产问题必与其分配问题并时解决，圣人复出，不易吾言矣！求中国国家之新生命必于其农村求之；必农村有新生命而后中国国家乃有新生命焉；圣人复出，不易吾言矣！流俗之所见，或以为政治问题解决，而后产业得以发达，而后乃从容谈分配问题；或以为必由国家资本主义以过渡于共产主义，而当从事国家资本之建造，是或狃于欧洲国家之往例，或误于俄国布尔塞维克之企图，而皆昧于彼我之异势谬欲相袭者，曾何足以知此！

（《河南村治学院旨趣书》（《梁漱溟全集·第五卷》914页起））

于兹可见，他对乡村自治的前景溢于言表，他坚信，只有基于中国文化精神，才可反思错误，走上正确的道路，个人如此，社会亦如此。他说："从来中国民族在文化上的自大，很快地为西洋之实际的优胜打击无存，顿尔一变为虚怯之极，方当受欺吃苦。民族命运危殆之时，我民族志士仁人、先知先觉，未有不急起以图自救者；而内审外观，事事见绌，不能不震惊歆羡于他；所以自救之道，自无外乎学他。始而所学在其具，继所求在其道，自曾文正、李文忠以迄共产党，虽再转再变，不可同语，而抛开自家根本固有精神，向外以逐求自家前途，则实为一向的大错误，无能外之者。我们一向民族自救运动之最大错误，就在想要中国亦成功一个'近代国家'，很像样地站立在现今的世界上。……曾不知近代国家是怎样一个东西。他的政治背后，有他的经济；他的政治、经济出于他的人生态度；百余年间一气呵成。我国数千年赓续活命之根本精神，固与他大异其趣，而高出其上，其何能舍故步以相袭？至于数千年即演成的事实与条件不合，又不待论。""无论前期后期运动，一言以蔽之，总皆一反吾民族王道仁义之风，而趋于西洋霸道功利之途。""凡今日之'穷且乱',正由卅余年间唯尚'利与力'而来,一言可以尽之矣。""一民族真生命之所寄,寄于其根本精神;抛开了自家根本精神,便断送了自家前途。自家前途,自家新生命,全在循固有精神而奋斗,离开不得这里一步。"(《梁漱溟年谱》)

这段话回顾的是百年中国历史坎陷,也是无数仁人志士的个体生命悲剧之路,盖因生命向上,无论是国家还是个人,必得基于固有的文化精神。其言辞饱含悲悯,亦可见智珠在握的自信与坦荡。

1931年,梁漱溟到山东邹平,继续乡村建设,一直到抗日战争爆发。吸取河南一年多的办学经验,梁漱溟决定把乡村建设研究工作与具体实验工作有机结合起来。他说:"乡村建设运动,题目便是辟造正常形态的人类文明,要使经济上的'富'、政治上的'权'综操于社会,分操于人人。其纲领则在如何使社会重心从都市移植于乡村。"自救之道,要在建设一个新社会组织构造,或曰新礼俗、新秩序。新礼俗何指?即中国固有精神与西洋文化的长处二者为具体事实之沟通调和。""此新社会组织以伦理情谊为本原,以人生向上为目的,可名之为情谊化的组织,或教学化的组织。""纯粹是一个理性组织。""理想的新社会,应是:一,农业、工业依乎顺序适宜配合;二,乡村为本,都市为末;三,人为主体,人支配物而非物支配人;四,伦理本位合作组织,不落于个人、社会两极端;五,政治、经济、教育三者合一不分;六,理性代武力,教育居于最高领导地位。"依据其纲领,梁漱溟及其同仁的乡村建设轰轰烈烈地展开了。

乡村建设运动

1. 成立山东乡村建设研究院

1931年春，梁漱溟与河南村治学院同仁应山东省政府主席韩复榘之邀来到邹平，创立了山东乡村建设研究院。直到1937年日本侵略军占领山东止，他团结了一批知识分子来到乡间，进行了为期七年的乡村建设与乡村教育实验。梁漱溟先任院研究部主任，后继任院长。其宗旨上文已说，其纲领则在使社会重心从城市移植于乡村。工作重点是：研究中国乡村社会现在所切需，及其所能有之组织方式；启发乡村自救意识；倡导知识分子返乡运动。

研究院设乡村建设研究部、乡村服务人员训练部、总务处、实验部与农场五个部分。其中研究部招收大学毕业生与同等学力者为研究生，培养目标是从事乡村运动的高级干部。学制二年，学习期间由研究院供给膳宿、制服及津贴。学习取书院制方式，在导师指导下各凭学力自行研究，其研究程序为：先作乡村建设根本理论之探讨，次及专科研究，随个人根底与兴趣自选一门或几门，如农村经济、乡村教育、乡村自治、乡村等卫。研究部第一期1931年6月至1933年7月，培养本省籍研究生30人，外省附学者10余人。第二期1933年7月至1935年5月，培养研究生30

余人。研究生毕业后大部分留本院或实验区工作。训练部招收年龄在20至35岁世代居乡的初、高中毕业生或同等学力者。培养目标是乡村建设工作的基层干部，学制为一年与二年两种。训练首重实际服务之"精神陶炼"，目的是排除"俗见俗肠"，启发从事乡村运动的深心大愿。学生入学之初，先受军事训练及精神陶炼三个月，以养成严格刻苦的生活，然后转入正常学习。学习课程有：党义研究（包括三民主义、建国大纲、治国方略、乡村服务人员之精神陶炼），村民自卫之常识与技能之训练（包括自治研究、军事训练、拳术等）；乡村经济问题（包括经济大意、农村经济、信用生产消费、合作簿记、社会调查及统计、农业常识与技术、农产制造、水利造林等）；农村政治研究（包括政治学大意、现行法令、公文格式、乡村自治组织、乡村教育、户籍、土地登记、公安、卫生、筑路、风俗改良等）。除上述课程外，还须选定一种专科兴趣（如凿井、棉业、畜牧、养蜂、养蚕、教育等），加入专科组，培养专长。整个学习期间食宿、制服、讲义全由院部供给。训练部从1931年夏至1935年10月，共举办三期，为全省107县共培养乡建实施人才1040人。另据1931年的统计，研究院与所属实验区，共培养、训练学生累计达3000多人。毕业生绝大部分返回本乡从事乡村建设工作。

2.建立乡村建设实验区与县政建设实验区

山东乡村建设研究院成立后，山东省政府即划定邹平为乡村建设实验县区。当时邹平地方行政事务仍由省有关厅局统办，研究院只能进行一些技术性的实验，对于县政改革却无从着手。初期实验是从"沟通乡农情愫"上着眼，为此先举办了两届小学教师讲习班,每期四周,共培训教师400人。通过培训,教师提高了学识,了解了当时的教育思潮。眼界为之一开,对乡村问题的严重性与乡建运动的必要性有了认识,并起到联络感情的作用。后来这些小学教师对实验工作给予了有力的支持与配合。邹平实验区还举办了两届农品展览会,共吸引附近各县十多万人前来参观,扩大了研究院的影响,加强了与外界的联系。同时创设了乡农学校,启发乡村自动改进之意识,并以此作为乡建工作的大本营。

1933年7月,国民政府召开第二次内政会议,议决各省设立地方县政实验区。山东省政府遂将本省县政实验的任务交给研究院承办。此后,实验区的性质、权限为之一变,研究院可选定实验县县长(经省政府礼聘)及任何行政人员。为适应新形势,研究院增设组织实验部。经省政府批准，划菏泽县与邹平县同为实验县。菏泽地处鲁西，为贫困多匪之区，试验工作偏重于乡村自卫，该县提出"人不离枪，枪不离人，人人旨兵，村村旨营"的口号，各乡农学校着重办自卫训练班，每期60人，训练4个月，到1935年全县共训练5000人。以后又划济宁14县为实验区。

研究院在实验县进行了一系列的县政改革实验，如在邹平首先将过去的7区、16镇、141乡一律裁撤，改设乡、村、间、邻四级县以下自治组织。全县除城关首善区外共划为13乡，同时建立"政教合一"的乡学、村学。实验县分别就县政、教育、农业、金融、卫生等方面推行了一系列改革措施。

3. 设立乡农学校与村学、乡学

乡农学校是山东乡村建设研究院建院初期尚未

取得地方自治实验权之前，在邹平农村中建立的一种组织（后改称"民众学校"）。它以研究院和县政府为指导机关，设置范围是50或60户至300或400户设一乡农学校。每一行政区划中设中心乡农学校一所。到1932年邹平全县共成立乡农学校91所，学生总数达3966人。

村学、乡学是在山东省政府将县政实权交给研究院之后普遍设立的。与乡农学校相比，村学、乡学更具备乡村组织的意义。1937年7月，邹平县改为县政实验区，撤销原有村公所、乡镇公所，代之以村学、乡学。村学、乡学既是学校，又像村、乡一级的行政自治组织，是以学校为外部形式，包含了"社学、保甲、社仓"的集政治、经济、自卫为一体的综合体。概括来说，它是办在农村，为农民所组成，由农民所供给，用以教育农民，再造乡村社会的一种行政系统，是教育机关化的组织。

梁漱溟的乡村建设实验工作就是通过乡农学校与村学、乡学这种形式进行的。

乡农学校与村学、乡学由下列人员组成：一、学董会，这是村学、乡学的办事机关，由乡村中的领袖人物5至10人组成，推举其中一名常务学董经县政府委任为理事，其作用是沟通上下。其他学董的职责是劝众入学，倡导和实行决议。二、学长，为一村一乡之长，由董事会公推品德最尊者受县政府礼聘，处于主持、监督地位，教导、监督、调和一村一乡之众。三、教员辅导员，聘请外来的"有知识的明白人"，多半是在研究院受过专门训练的乡村运动者。他们既负责学校通常的教育教学工作，也要负责推进乡村社会。四、学众，指乡村中的一切人。他们都是村学、乡学的学生，在这团体中的任务就是"齐心学好，向上求进步"。

教育的形式分学校式教育与社会式教育两种。学校式教育以成年农民为主要对象，基本课程有识字、唱歌、精神讲话。此外还有因地制宜的功课，如职业教育、自卫训练、风俗改良等。儿童教育方面设有儿童部，课程有国文、算术等，他们自行编辑出版了《中华民族故事》《农民国语课本》《农村问题》《国学教材》《自然常识》《史地常识》等。还辅以一种名为《乡农的书》，书中既有宣扬封建伦理道德的内容，也有反映劳动至上，勤俭持家的内容，如"农人种麦，大家才有面包；农人种棉，大家才有衣袄；农人种树，大家才有堂奥；农人泥首垢面，谁知他是劳苦功高？农人辛苦一世，谁知他又半点骄傲"。在讲授中，他们常结合形势灵活增减，如在《精神陶炼》中，为启发民族精神，补充介绍孔子、诸葛亮、岳飞以及十九路军抗日通电之类的内容。开展乡村教育实验以来,邹平的学校教育有了很大发展,据1934年统计,全县已有村学308处,学生8908人;乡学14处,学生750人。为普及义务教育,解决农村失学儿童的入学问题,还试行了"共学处",学习陶行知的小先生制、晏阳初的导生制,推行了导友制。据1935年统计,全县设立共学处446个,入学儿童达5468人。

4. 实施广义的教育工程

社会式教育是广义的教育,其内容包括社会改良运动及社会建设事业两大类,开展了如下一些实验。

农业改良。梁漱溟在实验中极重视农业的改良。这方面的工作有:推广优良品种,如广种"脱字美棉种籽"和优良小麦品种;改良鸡种、猪种,仿照定县推行表征索农家,即选取典型农户做某项农产的试验,然后表演证明进行推广。如试验种棉、养蜂、养蚕、园艺、防治病虫害、改良农具、造林绿化等。研究院设立的农场与华洋义赈会、金陵大学农学院等合作,对实验区的农业改良起了推动作用。

倡办合作事业,并寓教育于合作之中,以图改变几千年来小农经济养成的各顾身家的狭隘意识,培养一种适应现代文明的团体意识。在邹平创办织机合作社,介绍新织机,传习新织法,统筹进纱,共同贩卖,使当地织布业在洋布倾销中免于被淘汰。组织了棉花运销合作社,推广美棉试验。1932年合作社向社员散发美种子4700余斤,秋收后又组织农家共同轧花,共同运销,抵制了奸商的操纵,使农户增加了收入。此外还组织了养蚕、造林等合作社,都使农民有所受益。据统计,

1932年至1936年的五年间，仅邹平一地就建立了各种类型的合作社307所，吸收社员8828户，股金总额达12422.93元。

建立乡建金融。在邹平有金融流通处、信用合作社、庄仓信用社三种形式的乡建金融组织。信用合作社、庄仓信用社是民间金融性组织，采用集资入股和民主管理的方式。乡建金融运用利率、货币、信用手段大力聚集资金，以低息、集体为原则，合理发放贷款，抵制了高利贷活动，起到了组织生产、发展生产、引导资金流通的作用。具有团结、民主、覆盖面广、与经济结合、寓教育于金融管理等特点。邹平实验县的信用合作社始于1934年，到1936年已发展到48处，分布在13个乡的中心集镇，社员达1095人，股金3807元，贷款总额达23626元，储蓄累计总额达680518元。庄仓信用社到1935年已发展到58处，社员4000余人，积谷1700担。为体现教育意义，放款章程有"六不贷"的规定，对吸毒、游惰、奢侈者不予贷款。储蓄业务中劝导人们"储以养德，储以致康"，引导民众向上学好。

整顿风俗，革除陋习是社会式教育的重要方面。他们制定了禁赌博、禁缠足、禁早婚、禁吸毒、戒游惰、戒斗殴、讲卫生等方面的公约。在乡村与县城设立了卫生所、卫生院。为改造乡间小偷、赔棍、地痞、毒品贩，成立了成人特别教育班，后改为自新习艺所，对劣迹者施以特种教育。梁漱溟企图通过中国的老道理——"乡约"中"德业相劝，过失相规，礼俗相交，患难相恤"的意思，养成新的礼俗，对社会的控制不采用"法治"而采用"理治"的办法。将社会组织关系建立在"柔性的习惯之上"。此外，还在乡村自卫、青年义务训练、兴修水利、人口调查、土地陈报

等方面做了许多组织实施工作。(以上资料均来自《梁漱溟的乡村教育实验》,宋恩荣)

5. 结语

梁漱溟和他的同仁的这些做法现在看来,其设计之精、规模之大、内容之广、细节之富、效果之丰,是令人惊叹的。长期以来,鉴于一些原因,人们一直对其缺乏足够的理解与关注,更遑论研究了。其实,梁漱溟经过多年的思考与探索,深刻认识到中国问题即中国乡村建设问题,只有乡村问题彻底解决了,中国社会才会有出路。乡村建设的实质是一个"中国文化改造的问题",它要求"融取现代文明以求取自身文化之长进……此融取而长进的功夫固明明为一巨大之教育工程"。他认为,由于中国社会的特殊性是"伦理本位,职业分途,只有一治一乱,而无阶级对立",所以中国的社会改造，不能依靠机械的"暴力革命"，只能靠"理性"来解决，即由教育来承担。他所指的教育，是一种含义极为宽泛的广义教育，是一种大教育观，所以他才说"教育即乡村建设"。"这个从头建设的工作，全是教育工作，我们一点一滴的教育，就是一点一滴的建设；一点一滴的建设，无非是一点一滴的教育；只有从一点一滴的教育着手，才可以一点一滴的建设！"

他基于自己的文化理论，把自己对教育的理解和中国现实的认识结合在一起，发起了这样一场中国历史上可说是空前绝后的乡村教育建国运动，如果不是抗日战起，给予他足够的时间，后来的情况会怎么样，实在很难说。现在我们来看梁漱溟发起的乡村建设运动，通常将其认定为这是一场失败的探索，但这其实非常轻率——他并没有失败，而是因为不可抗拒的历史坎陷不得不中止而已。这不是逻辑的失败,没有必然性,这只是历史的波折,是偶然的无奈。正因如此,这场所谓失败的乡村建设运动,实际上留下了丰富的精神遗产与思想遗产,即使到了今天,也有一定的借鉴价值。

第四章

抗日战争与内战期间

乡村建设运动的前景因抗日战争的爆发，成为了历史的迷雾，梁漱溟没有如曹州办学失败后陷入空前的迷惘和绝望，盖因这种历史的偶然虽然可怕，但他内心的思想信念在多年的乡村建设运动中反而更坚定了。更何况，民族危亡，人人有责，向来以民族救亡自任的梁漱溟迅速调整自己，积极投身抗日救国。在此后的十多年中，他以国民参议员的身份访问延安，巡视抗日后方，提出多种议案，参与发起领导中国民主建国同盟，调停两党纷争，为团结抗日忧心忡忡，孜孜奔忙，真可谓马不停蹄，但无不事与愿违，以失败告终。

牟宗三先生后来这样评价梁漱溟一生的社会实践：可惜梁先生并未能再循其体悟所开之门，再继续前进，尽精微而致广大，却很快地即转而为他的乡村建设事业，自己弄成了隔离与孤立，这就是他的生命已降落而局限于一件特殊事业中，这是他的求效求成之事业心太重，就是说"我要做一件事"。此中之"我"与"一件事"，俱是表示他的生命之降落与局限。这不是宁静与凝聚。须知文化运动，弘扬教法，不是这样形态所能奏效的。后来他又降落而局限于一时之政治旋涡中，即民主同盟中。这是他个人的悲剧，也是宏扬孔教上之不幸。他的文化意识只是类乎苦行的社会意识，所以容易落于横剖面的社会主义之范畴下。至于民族国家，历史文化，自由民主，道德宗教，这种纵贯的，综合的，纲维的文化意识，他并不够。这还是由于他体悟孔教的生命与智慧之不透。

对于这段评价，我个人认为，说梁漱溟缺乏纲维的、综合的、纵贯的文化意识实为确论，但其他认识是错误的，是缺乏对梁漱溟精神气质与人格追求的同情了解。要知梁漱溟一生追求人生向上，并非为发扬孔子而发扬孔子，而是通过发扬孔子以求得个体人生的完善和中国问题的解决，而解决中国问题于梁漱溟而言，本身就是个体生命向上的唯一路径。梁漱溟的一生，其言其行无不有所本，其从言而行，并非生命的坎陷，而是生命一以贯之的必然。至于说其体悟孔教的生命智慧之不透，我认为是牟宗三先生强加自己对孔子的理解于梁漱溟，不知梁漱溟并非纸上悟道、纸上传道之人，而是生命悟道、生命传道之人。我以为若孔子还有什么价值值得发扬，那就是梁漱溟这种全心全意投入的践履精神。

访问延安

梁漱溟于1938年在征得蒋介石同意后,以国民参议员的身份访问延安,这是一个极其大胆的决定,而在梁漱溟则有着深刻的心理根源。梁漱溟自二十岁接触有关社会主义的言论开始,就认为解决人类平等问题的最好办法就是社会主义公有制,这个信念,一生未变。他多年来进行乡村建设,也是梦想把公有制变为现实。另外,共产党自1927年以后，把农村作为战略重点，提出以农村包围城市的策略解决中国问题，与梁漱溟以乡村建设带动城市的思路不谋而合，显然二者都看到了中国问题的关键在农村。这两点无疑是梁漱溟与共产党接触的思想基础，而从梁漱溟多年来的信念与实践上看，显然更因思想的共通之处而不乏情感上的亲近。

后来，梁漱溟多次撰文谈及延安访问："我访问延安的两件事，其一所谓考察者，不是考察别的，是专为考察共产党的转变如何。其一所谓交换意见者，不是交换旁的意见，是专为求得国家进一步的统一，而向中共负责人交换意见。"他说："若论其意绪动机，则蕴蓄已久。我是要求社会改造的人，我始终同情共产党改造社会的精神。但我又深深反对共产党不了解中国社会，拿外国办法到中国来用。我认定北伐后，老社会已崩溃，只须理清头绪来建设社会，没有再事暴动破坏的必要。这里有两句话：'从进步达到平等；以建设完成革命。'这是我的信念。不断地暴动与破坏将只有妨碍建设，梗阻进步，延迟革命之完成，实在要不得。所以自从共产党放弃对内斗争，与国民党艰苦淬砺领导国人，共同抗战以来，当然是民族命运一大转机。我们欣喜之余，不能不考虑两个问题：一，多年对内斗争的共产党，一旦放弃对内斗争，可谓转变甚大，但此转变是否靠得住呢？二，以同仇敌忾而得见国家统一，诚足欣幸，然为巩固此统一，似非国人有进一步的努力不可。"

梁漱溟到延安后受到了极高规格的接待，除了军事领导，他几乎见到了所有的中共党政要人，参观了延安众多地方单位和场所，甚为满意。他认为那里气象欣然，生机勃勃。在延安最快乐的事情当然是与毛泽东的交流，其中有两次通宵达旦的交流，更是让梁漱溟终生难忘。

巡视游击区

梁漱溟于1939年2月至9月带领五六个学生到抗日前线，出入于敌后游击区八个月，辗转六个省八个地区，经过的县市有五十多个，食、宿过的集镇、村庄将近两百个，历经艰险，多次遭遇日军追击，不止一次亲眼目击学生或战士的死亡，自己也多次命悬一线。这可能是梁漱溟一生中最具传奇性的一段经历。梁漱溟何以有这份勇气亲临前线？他又为何要上前线？

梁漱溟从来都是一个勇于实践的人。到北大教书的时候，他是区区24岁的无名小卒，没学历，没国外学习游历经验，没学术成果，但他自信地走上了北大讲台。31岁去曹州办学，后来又去搞乡村建设，其难度之大远非到北大教书可比，但他依然说做就做。盖因他骨子里有一种当仁不让、舍我其谁的天命意识。

当然，梁漱溟之所以到前线，还有一些具体的原因。首先是抗战以来，他在后方做的几件事都无功而返，使他大为失望，不想把生命浪费在后方徒有虚名的文山会海之中。这有悖于其生命向上的信念。

梁漱溟在抗战后，基于持久抗战的想法，有一系列的思考："我们今日既失败，必须在后方培养新力量以求继续抗战。培养新力量，则势须认真发动民众。而谈到发动民众便已深入政治问题。非各方关系进一步的调整，树立更健全有力的政治机构，便不能使民众工作较今日更进一步的得到好处。""但对政治究系如何一种要求？""一、我们要求抗战的政府，应在广大社会里有其根基，上下气脉相通，政府与社会打成一片。二、我们要求消除各方面（党派、阶层以及种种）以及个人间的隔阂、猜忌、抵牾、摩擦，而合全国为一个力量的抗日。三、我们要求充分利用知识头脑，将一切事情为有统制、有计划、有条理、有秩序地进行，不要敌人未来破坏扰乱而我们先自毁自乱如今日者。总而言之，我们要求民族社会力量的调整与发挥。我们必须调整好我们自身，使自身发出力量来才能抗敌。或说，我们要求全国更进一步的团结，以加强抗战政府的力量。"

他之所以到延安去，即有以促进团结为己任的原因。回到后方后,他又想就党派问题提出建议,以促进团结,终因国共两党意见不合而无法提出。在1938年的国民参政会上,他提出了一个建议案,三个询问案。建议案是请政府召开战时农村问题会议,并于政府中设置常设机关。三个询问案是,就抗战建国纲领中第十八条、第廿五条及第十四条提出。他在有关"发展农村经济,奖励合作,调节粮食并开垦荒地,疏通水利问题""发动全国民众组织,农、工、商各职业团体,改善而充实之,使有钱出钱,有力出力,为争取民族生存之抗战而动员"二文中,就各地农会素来有名无实,或并其名而无之,究应如何改善而充实的问题,提出质询。又以"改善各级政治机构使精简合理化,并增高行政效率以适合战时需要"一文,就此三问题究竟在中央计划如何,实行如何,再次分别提出询问。据说他在提出这些问题的时候,还被傅斯年以"此何时刻,谈此等问题"之粗暴态度打断。最后议案虽获通过,却不过是一纸空文,国民政府并没有踏踏实实地实施。

事实上,这些提案的提出仍然延续了梁漱溟一以贯之的农村立国思路,他很好地将农村立国的宏观思考与战时紧急状态结合在一起,具有相当的前瞻性,并非迂阔之论。另外,梁漱溟在第二次参议会上又提出了"改善兵役案"。梁漱溟之提出兵役案一则基于持久抗战的思考,二则基于其对当时国民政府兵役制实际状况是一片混乱以至于民不聊生的了解。然而,兵役问题关系到军队领导权的问题,自然不容外人插手,最后也是不了了之。

这些遭遇使梁漱溟倍感失望与压抑,他无法忍受后方这种庸俗肮脏的空气,于是滋生了到前线一探的想法。另外,他还惦记着在前线的他的学生们——他在山东许多年做乡村工作，有许多乡村运动的学生，都分散在山东各县，想与他们取得联系，发动他们做抗日工作；同时，他也想与年前返鲁抗日的第三政治大队（也是他的乡村运动中的学生组成）取得联系，看望他们，了解他们的情况。

梁漱溟自抗日前线归来后感慨万端，他用"三句话"和"四个感想"概括。

三句话：第一句是"老百姓真苦"；第二句是"敌人之势已衰"；第三句是"党派问题尖锐严重"。

四个感想：第一个感想，中国老百姓太好。……为了抗战，他们所受苦难，都没有怨恨国家、怨恨中央之意。第二个感想，民国三十年来正经事一件没有做，今后非普遍从乡村求进步不可。对民生之穷苦，风俗之固陋，看得更真切。故如何急求社会进步，为中国第一大事。然此第一大事者，到民国已是三十年的今天，竟然没有做。我们平素主张乡村建设，就是有计划地用社会教育普遍推进建设工作，求得社会平均发展（反对欧美都市畸形发展）。从观察了内地社会真情以后，这一要求更强。第三个感想，今日问题不是敌人力量强，而是我们自己不行。……这个不行，不是军事的，是政治的。说起来只有惭愤。今后既要反攻，必须调整政治，以立其本，更加强各战地政治工作，启发民众抗日力量。如其不然，恐无翻身之日！第四个感想，中国目前的问题全在政治，而政治的出路却并不现成。因为这政治问题后面有深厚的文化背景，不是平常的封建民主之争。

拳拳之意、悲悯之心溢于言表，这也是他回到后方后，把工作重心转移到党派工作上来的原因。

团结统一工作

梁漱溟一生所为在他看来是行之当然，但在外人看来则往往莫名其妙。比如，抗战期间，宪政民主之声甚嚣尘上，他却对所谓宪政运动漠然置之，而是热心于他自己的团结统一运动。他的热心不只是写写文章，提提议案而已，而是实实在在地奔走于民主人士之间，游说呼吁，试图联合起松散的第三方力量。

梁漱溟何以对当时热热闹闹的宪政运动毫不动心？年轻时期，梁漱溟受他父亲与梁启超的影响，一度热心于君主立宪，以为唯此可以救中国。但后来形势的发展以及朋友的影响，使他更倾向于革命。革命之后，宪政民主本应是国民政府的题中之议，要知道孙中山的革命大纲本就是以宪政为最终目的的。当然，按照国民党的计划，国家尚未统一，人民素质不高，经济还不发达……总之原因多多，特别是国家尚未统一，还只能按部就班地军政、训政以求得宪政的充分条件。这样看来，梁漱溟似乎与国民党的基本国策高度一致了，实则不然。梁漱溟所理解的国家统一，与国民党意义上的国家统一形式上是一致的，但实质却大不相同。国民党的统一是一个国家、一个领袖、一支军队，是政治上的统一，是以军事上消灭异己，意识形态上排除异见，是一种自上而下的运动。梁漱溟的统一当然包括政治上的统一，路径却完全不同；在他看来，国民党的这种统一，只是徒有其表，骨子里不过是军阀执政，国家实在不能算是统一的，它缺乏一种贯通整个社会系统的精神与文化内核，社会结构依旧是松散混乱的。真正的统一，只能通过以"伦理情义、人生向上"为根本宗旨的乡村建设运动，彻底改造农村，从而改造中国的基本社会结构，自下而上，达到社会的高度统一。至于搞民主，的确需要人民有一定的素质，但不能等人民的素质自然提高了再搞，如果这样，永远都搞不成，人民的民主素质是在民主的实践中培养提高的。

当然，他对宪政不热心不只是因为观念上的原因，还出于他对现实的认识。在他看来，国民党和蒋介石是不可能搞宪政的，他们喜欢的是独裁，所谓军政、训政云云，不过是拿着孙中山的三民主义为幌子欺骗人民罢了。所以,他从前线回到重庆后,面对相关邀请,他也一概谢绝,认为"这是一场空欢喜,国民党决不会践言"。梁漱溟对国民党是一再失望的,对蒋介石更无好感。梁漱溟不热心宪政运动,认定这只是"一场空欢喜",但他却能顾全大局,从不在公开场合发表过激言论。他的全部身心都在"我只认定我的路线,做我的团结统一运动","我分向三方面进行我的运动"。所谓三方面就是两大党及其以外之第三方面。为此,他曾于1939年10月25日,访问中共方面,会见了陈绍禹、博古、吴玉章、林伯渠、董必武等人,"只记得我讲到问题严重时,我就说了一句'军队非统一于国家不可'的话,并说:'军队、警察应该是政府代表国家行使治权、执行国策的工具。'陈表示:'你的方案是可以考虑的……军队属于国家是可以的,只要国民党实行,我们就照办。'"

梁漱溟从他的团结统一思路出发,得出了军队必须国家化的结论,这是非常了不起的。他以为,只要军队国家化,两党自可统一,问题是,国民党是不可能同意的。所以,梁漱溟访问了共产党方面的人士之后,又去访问国民党人张群。他和张群之间的会面很有意思,兹录于此。

梁漱溟强调军队必须脱离党派而属于国家时,张群问:"你向共产党谈过没有?他们如何表示?"梁说:"他们表示国民党实行,共产党就照办。"张群听了拍手笑说:"他们深知国民党不会实行,所以不必从他们口里拒绝你的提议。老实对你讲,国民党的生命就在它的军队,蒋先生的生命就在他的黄埔系。你向谁要军队就是要谁的命!谁能把命给你?你真是书呆子!"(《梁漱溟先生年谱》)

张群这一席话使梁漱溟"如同冷水洗身"。尽管如此,梁漱溟并没有放弃他的团结统一主张,责任感使他必须做下去。他在华北前线几个月的视察,亲眼目睹了国共两党军队的自相残杀,回来一年后又爆发了新四军事件,而在后方,国民党又倒行逆施,对党外的压迫钳制无所不用其极,抗战初起后一度良好的党派关系急剧恶化,认为国共两党的矛盾,"近则妨碍抗战,远则重演内战,非想一解决办法不可"。所以,"第三者于此,无所逃责。零零散散,谁也尽不上力。故第三者联合起来,共同努力,当为第一事"。这正是他先发起组织统一建国同志会,而后又组织成立中国民主政团同盟的原因。他的唯一目的,就在于守护团结,以利抗战。

自然,此事还是以失败告终——随着珍珠港事件的爆发,日本入侵香港,梁漱溟创办的民盟机关报《光明报》被迫停刊，他辗转回到国内。加之民盟内各小党派领导人各怀心思，或迫于国民党当局的压力，或昧于私心杂念，民盟内部已四分五裂。梁漱溟心灰意冷，他的团结统一工作只能陷于停顿。自此，他开始了在桂林的半隐居生活。当然，这段时间，他开始把工作重心转移到文化思想的清理与创作方面。实际上，他多次发文声明，当抗战结束，建国大业开始后，他要退出现实政治生活，搞他的文化工作，那才是他认为最重要的事情，也是真正能使全民族和全人类获益的事情。然而，时局变化太快，抗战胜利不久，国共内战一触即发，他被迫出山承担调停重任。

国共内战

1945年夏,梁漱溟发表《论宪政问题》一文,断言"宪政前途是靠不住的",并认为当前的大局问题并非宪政,而是团结与民主。为了搞好稳定团结民主的大局,他认为制度与方法越简易越好,与此相应,他设计了一个"多党并存而收一党之用"的政治架构。这当然很让人疑惑,他的基本思路到底是怎样的呢?

梁漱溟之所以认为宪政是靠不住的,就现实情况来看,是因为他认为国民党搞宪政只是手段,目的是想解决中共的军队问题,并非真心搞宪政。所以,他不认为宪政有什么前途,而是强调团结与民主,于是就弄出一个多党合作、一党作主的制度架构。

问题是,梁漱溟何以倾向这种制度呢?他的思路是这样的:首先,阐明中国革命和革命统治的本质——中国革命不同于世界其他国家的革命,他并非由某个阶级领导的革命,而又兼具民族革命、民主革命、社会革命三种革命。其次,一切国家的统治都是阶级统治,而中国两千年来,一直是散漫消极相安之局,而非阶级统治之局。最后,当前中国的任务即所谓建国工程,是要建造新秩序,因此就得先培养新事实。那就得从生产、经济入手,求得社会真实进步,文化普遍提高,以作为基础条件。显然,这样建设新秩序的浩大工程必须方方面面的协同合作,需要有方针有计划。而要贯彻落实此建国路线方针,他在考察了中国政党的现状后,认为最好是实行一党制,盖因多党执政,吵吵嚷嚷,不利于方针政策的贯彻执行。不过,梁漱溟基于中国政党的现状,又认为没有可以贯彻执行建国纲领的一党,只能实行"多党并存而收一党之用"的制度。

梁漱溟不得不倾向于一党制的理由,一是一种新秩序的建造,往往需要集中方方面面的力量与资源,若实行宪政,不可能做到——全国一盘棋,只能一只手布局。也就是说,梁漱溟是一个计划论者或建构论者,他的这种倾向,来自其基于儒家思想而对中国社会结构的判断。该判断以为中国要想贯彻实施建国大业,如果多党互竞,轮流上台执政,有悖于中国"伦理情谊,人生向上"

的固有理性精神，也有悖于中国"伦理社会，职业分途"的社会结构。要知多党互竞，轮流执政实质是阶级之间轮流执政，而在梁漱溟看来，中国根本就没有什么阶级对立，中国的政党也并非阶级政党，如此竞争，只能分裂中国社会，坎陷中国固有文化精神，当然不可。但一党制他又为什么不完全认可呢？也是基于对当时中国社会的理解——中国的社会基础是散漫成性的小资产者（也是因为伦理社会，职业分途），若一党执政，要想贯彻一党既定之方针政策，势必很难，所以他的方案是折中于中国的历史与现实，搞"党派综合体"。

当然，所有这些言论、期待、执着与报国之心最终成为空幻。在政治协商会议不久，国共之间的矛盾因为军事问题不断升级，内战一触即发。随后发生了闻一多、李公朴谋杀案，他又不得不奔走于昆明、重庆、上海、南京为最后的和平努力。然而，一切都是徒劳，梁漱溟的调停注定要失败。

李、闻惨案发生后，梁漱溟不畏危险与阻挠，亲赴昆明调查事件真相，他在排除种种人为干扰的情况下，实地调查取证，撰写了翔实的调查报告，明确指出，云南政府当局是幕后凶手。他以民盟秘书长的名义发表书面谈话说："李、闻两先生都是文人、学者，手无寸铁，除以言论号召外无其他行动。假如这样的人都要斩尽杀绝，请早收起宪政民主的话，不要再说，不要再以此欺骗国人！"又说："我个人极想退出现实政治，致力文化工作……但是像今天这样，我却无法退出了，我不能躲避这颗枪弹，我要连喊一百声：取消特务。我倒要看看国民党特务能不能把要求民主的人都杀光……"大概是愤懑难平，在记者会上，他又高声疾呼："特务们！你们有第三颗子弹么？我在这里等着它！"

国民党没有做好宪政的准备，把梁漱溟推向了共产党。

1946年10月10日，梁漱溟从南京赶到上海，与隐蔽在这里的周恩来长谈，11日坐夜车返回南京，早晨在南京，却发现报纸上刊载着国民党军队攻下张家口的消息，知道和谈已经完了，面对蜂拥而来的记者，他只能一声浩叹："一觉醒来，和平已经死了！"这是怎样锥心的失望与无奈！

令梁漱溟所没有想到的是，国民党迅速崩败了，面对战场上国共两党优劣互换的局势，他一方面严厉指责国民党挑起内战，另一方面又希望共产党穷寇莫追，发挥中国固有的和谐精神，放下武器，回到谈判桌上来。他这样的言论，自然是两面不讨好。随后就是决定性的时刻来临了，远在四川勉仁学院的他决定留在大陆，拒绝了朋友让他到香港去的请求。他既早已对国民党和蒋介石绝望了，国民党也不把他作为争取的对象，他干吗要走呢？再说他和毛泽东、周恩来关系不错，且近几年来，他对共产党的好感越来越大也是一种内心真实；加之他要做文化工作，这是中国的头等大事，离开中国，做这件事还有什么意义呢？他哪里都不想去啊！

第五章

一本书：《人心与人生》

在梁漱溟心目中，他一生的著述，没有哪一本可以与《人心与人生》相比。《人心与人生》这本书从酝酿到写作断断续续持续了半个世纪之久，终于在1975年7月初大功告成，完成之际，他写信给朋友说："今日可死而轻快地离去。"大有如释重负之感。

一定程度上，在梁漱溟看来，完成此书，是他一生最大最重的使命。自《东西文化及其哲学》行世之后不久，他就发愿要完成《人心与人生》，心心念念，不曾一日忘却。

此一宏愿大执体现在其著述中，极为明显。1926年5月，他写下第一篇《人心与人生》的自序。1955年7月，在写下第一篇自序30年后，梁漱溟开始着手写《人心与人生》，这便有了第二篇自序。动笔之前，他与儿子梁培恕游北海公园，说起他即将动手写的《人心与人生》，他说："这本书不写出来，我的心不死！"事实上，在40年代初期，他自战乱中的香港历经艰险返回大陆的过程中，给自己的两个儿子写信，就已经说过类似的话，他说："'为往圣继绝学，为来世开太平'，此正是我一生的使命。《人心与人生》等三本书要写成，我乃可以死得；现在则不能死。又今后的中国大局以至建国工作，亦正需要我；我不能死。我若死，天地将为之变色，历史将为之改辙，那是不可想象的，万不会有的事！"时人多断章取义，以为梁漱溟狂傲近于可笑，却不知此正是儒家狂狷真性情之自然流露。梁漱溟把《人心与人生》看成其"为往圣继绝学，为来世开太平"之千古大作，是他天命之所在，他必须完成。何以梁漱溟会对这本书抱有如此重要的看法呢？

《人心与人生》的创作动机起于弥补遗憾。1921年，《东西文化及其哲学》出版，这是梁漱溟的第一部著作，标志着他思想的成熟与体系化。此书出版后虽然为梁漱溟赢得巨大声誉，但也引起了巨大争议，梁漱溟针对这些争议不断反思，以为此书不仅有差错，而且"错在引用西方心理学的见解、名词来解释儒家"。这种认识对梁漱溟来说是巨大的不安与挑战，要知他把为孔子说法、复兴中国固有文化精神作为自己的终身志业，《东西文化及其哲学》就是完成此一使命的理论尝试，倘若理论（三期文化说）是正确的，那么奠定三期文化说理论的心理学根基也是错的，理论再正确也无说服力，更何况，将心比心，你再三陈述东方文化的优越性，却用西方心理学来证明，岂非错谬？所以，"如果我们不能寻得出孔子的这套心理学来，则我们去讲孔子即是讲空话"。也就是说，《东西文化及其哲学》在解释孔子上面有缺失，他要另写一本书来纠偏，要完完全全雄辩圆转地给中国儒家"一个说明"，要清爽明确地把孔子之学"找回来"，这就是他创作《人心与人生》最直接的目的。

基于弥补遗憾的动机，梁漱溟最初的想法应该是通过《人心与人生》一书阐明儒家心理学，以为儒家学说建立牢固的心理学根基。即使历经半个世纪之久，梁漱溟历经沧桑，丰富的人生阅历与坎坷的生命遭际也不曾改变其初衷，反而在不断丰富他的写作动机。所以，最后呈现在我们面前的，已经不单纯是一本阐述儒家心理学的书，而是一本体系完备、思虑精深的人性论。其要点在于"辨认人类生命（人类心理）与动物生命（动物心理）异同之间"，从而探讨人的本质属性。就《人心与人生》一书的内容看，他吸收了19世纪以来西方科学发展的重大成果，举凡生物学、生理学和心理学的积极成果，特别是达尔文的生物进化论和马克思的社会历史观都被其吸收，有着深厚的当代自然科学和社会科学基础。

从方法论上说，他以进化和发展的观点考查人的本质，因为人同物比较，其特征是充满了生命的活力，所以不能静止地、孤立地研究人的本性，如传统的心理学和伦理学对人性的剖析。他综合达尔文的生物进化观点和马克思的社会发展观点研究人，将人看成是历史长河中的人，从人性的形成和发展的历史探讨人的本质和人类的归宿，断言人性乃先天和后天的统一。而后，在上述观点的基础上，他提出了人性三层说：从本能到理智，从理智到理性。此三层既相互联系，又有质的区别。人类从动物进化而来，人为动物中之一物，乃一生命有机体，受新陈代谢的法则支配，以个体图存和种族繁衍为活动的内容。凡依此生命有机体而形成的人的性情、气质等，他称其为"本能"。但人类又不同于动物，乃高等动物发展的顶峰，同动物有本质区别，即有"人之所以为人者"——人有自觉心。

也就是说，动物的生存靠本能，而人类的活动则靠人心的自觉。所谓"自觉心"，指人同动物相比，有清醒的自我意识，其表现之一，即是人的理智。理智作为人的心理活动之一，在于认识外在的事物，通过思维，构成观念和概念，形成人的知识系统。理智不同于本能，它"好真恶伪"，如孟子说的"是非之心",乃追求真理的意识,不受基于本能的利害得失之情的干扰。理智增长一分,情感冲动即减少一分,就此而言,理智又有反本能的倾向。理智的活动亦在于解决和处理个体生存和种族繁衍两大问题,但又不受此两大问题的局限,其能超越发自本能的求生方式,不受其牵累。人就是凭理智的活动成为外物和人身的主宰者。人类凭理智而劳动,从而发明创造了各种工具,增人类本能之所不能。人类正是依靠理智的活动,脱离了动物的自然状态,由野蛮进入文明,并且创建了各门科学,从而使人类进入了高度文明的社会。一部人类文化史,即是理智不断向前发展的历史。

总之,理智使人类从本能生活中解放出来,实现了人类生命的第一次飞跃。但人心的发展,并未至此停止,向更高一层迈进,则为理性的活动。

此所谓迈进是指理智主智求真,具有无私的要求,不受个体情欲的支配,其进一步发展,则为"无私的情感",即"在情感中不失清明自觉之心",此心即是基于理智而非本能的主情之理性。理智的活动,向外努力,其所认识的对象为"物理";理性的活动,向内努力,其所认识的对象为"情理",即人类共同心理和共同生活规则。梁漱溟认为既然人总是生活在人际关系中,社会是个体存在的方式,又形成了人的社会生命;那么,求相通之心便会将社会生命与个体生命联结为一个整体。此求相通之心即为理性。他要求人在群体生活中,应尊重对方,关心别人,爱护同类,互相照顾。这种无私的情感,如孟子所说的"恻隐之心"和人们所说的"正义感",是人的社会生命的基础,是理性活动的表现。如果说,理智的追求是真,那么理性的追求则是善和美。人类正是依靠好善恶恶、好美恶丑之心，进一步摆脱动物的本能，从基于求生本能而形成的贪求、忌妒、怨恨、倾轧等情欲冲动中彻底解放出来，从事于道德和美育生活，如儒家倡导的礼乐生活，使人的自觉心，得到充分的发展，生命方获得了真正的自由。梁漱溟描述理性的王国说："一向为生存竞争而受牵掣于种种本能冲动，多所障蔽的人心，至此乃始解除障蔽与隔阂，而和洽相通。人们乃不复在彼此竞争、斗争上耗用其心思力气，而同心一力于凭借自然，创造文化；利用自然，享有文化。"

这显然是人类大同的理想境界，是人心进入理性，主宰人类真正成为自然之主人的境界。这一境界，乃在于以理性为人类的本质特征，经由理智为用，理性为体，体用合一达成。可见，人心从理智到理性的发展，是人类生命的第二次飞跃，经此飞跃，人不仅区别于动物，而且成为高尚的人。

从《人心与人生》一书的基本内容看,他其实是经由心理学的路径扩充了《东西文化及其哲学》一书中关于人类三期学说的具体观念,从心与身二元对立的角度,借阐述人性来为东方文化特别是儒家文化张本。其基本思维方式与逻辑贯穿他后半生的几乎所有言论之中,这在《人类创造力的大发挥大表现》与《中国——理性之国》中可以一目了然。这些言论正是《人心与人生》一书基本理念面对现实顺应其意图伦理的展开。可以说,这本书的确淋漓尽致地张扬了儒家人性论的优点,褒扬了建立在东方文化基础上的人类生活方式的理想与美好。但是,本书无视历史与现实中人性恶层出不穷的表现,更没能指出人心抵达理性的具体路径,只是一味沉溺在自己的理论自信与理论推演中,自圆其说,不免有着极强的乌托邦色彩。

第六章

梁漱溟对同时代人的评价

梁漱溟的百年人生，亲历亲证了中国现代化历程中的无数重大历史时刻，结识了无数历史风云人物，他对这些人物的评价，有的煌煌千万言，有的三言两语，却无不因其视角独特而多有与世相悖之处，令人印象深刻，兹采撷一二，以窥梁漱溟的人格心性。

袁世凯

从梁漱溟的诸多文字看，他应该只见过袁世

凯一面，那时他才二十一二岁，正在做《民国报》的外勤记者，所以有机会亲见袁世凯就任中华民国临时大总统的一幕，后来他把这次经历记了下来："我亲眼看见袁世凯先在台上宣读誓词，读完誓词之后，由议长林森领他下了主席台，走出议会大厅，到外边照相留影。参加照相的有参议院议员，也有政府内阁阁员。新闻记者不让参加，但是可以远远地望见他们照相的情景。因为我们在楼上旁听席上赶着下楼来，走得快一点，先出来了。我正向外张望，林森议长领着袁世凯从我背后走来，正好在我右边身旁走过，所以我当时看得很清楚。我看到袁世凯穿了一身陈旧的军装。他这个人身材很矮，像是腿短了些，上身肩膀宽大，脸上既没有刮脸，也没有正式留胡子，头上也不戴帽子。看起来，他对于这次就任大总统并没有当一回事似的，没有郑重诚敬之心。"

蒋介石

梁漱溟与蒋介石的最早交往始于1930年,那时,国民党的"剿匪"司令部设在武汉,蒋介石这时也常在武汉。他住武汉时,改组了湖北省政府,任命朱经农担任湖北省教育厅厅长。朱经农当时任美国教会在中国济南办的齐鲁大学校长。朱经农从武汉回济南交卸齐鲁大学校长时,蒋介石嘱咐说:"你回到济南时,请对梁漱溟说,让他来武汉同我见面。"朱经农返回济南后,把蒋介石的意思转达给梁漱溟。梁漱溟没有理他,他的理由是:"我不能因为他让人传这么一句话,就去武汉见他。"1932年,梁漱溟与蒋介石第一次见面。这一年梁漱溟有事去南京,他的朋友石瑛正担任南京市市长。石瑛陪同梁漱溟到南京蒋介石官邸,蒋介石会见了他,询问了一些关于津浦铁路沿线水灾情况。第一次见面,蒋介石给梁漱溟留下的印象很坏,使他觉得蒋介石很虚伪。他的理由很有意思:"谈话中间,蒋介石手里老拿一个本子,我说到一个人的名字、一件事,他都赶快记下来,表现出很勤奋、很谦虚,不耻下问的样子,好像很愿意知道一些下情,了解我的意见。其实,这时另有一个穿军装的,是副官和秘书,坐得离我们稍远一些,在那儿作记录。"抗日战争后,梁漱溟和蒋介石多有见面,蒋介石对梁漱溟一直非常友好尊重,呼为漱溟兄,直到1942年梁漱溟偷偷跑到香港创办中国民主政团同盟的机关报《光明报》后,再见面,蒋介石才改称梁先生。抗日战争时期、国共内战时期,梁漱溟一直忙于协调国共关系,对蒋介石越来越反感,认为蒋介石无信义,喜耍弄人。后来,艾恺访问梁漱溟,问及他如何评价蒋介石对中国革命的贡献,他说:"他最大的贡献哪,(笑)最大的贡献是造成了共产党的成功。"

冯玉祥与韩复榘

没有冯玉祥和韩复榘——特别是韩复榘的全力支持,梁漱溟后来名震全国的乡村建设运动根本就搞不起来。梁漱溟与冯玉祥是经王鸿一介绍认识的,冯玉祥请他去给自己手下的将佐们演讲,每场冯玉祥都全场陪着听完。冯玉祥的尊重知识和文化不独表现在与王鸿一、梁漱溟的交往中,也表现在他对同时代军事理论家蒋方震(蒋百里)的态度上,要知这是很难的,一则同行相忌,二则蒋百里为其同时代人。冯玉祥编印了一本有各时代军事家言论的小册子,其中赫然可见"蒋方震曰"的条款。梁漱溟说冯玉祥带兵、管兵、教育兵非常有办法,他能随口叫出很多普通士兵的名字,他的兵对他又敬又畏。

梁漱溟对韩复榘的了解更深,对外间流传的许多关于韩复榘粗鲁无知、附庸风雅的话,梁漱溟很干脆地说那都是不真实的。对关于韩复榘背叛行为的指责,他也有自己的客观看法。说到韩复榘背叛冯玉祥,梁漱溟讲了一件事,说是有一次开军事会议,韩的意见与冯相左,冯说:"你懂什么?"把韩赶出去罚跪,会开完了,冯玉祥当着众人的面打了韩复榘一巴掌,然后才让他起来。韩复榘后来就找个机会把自己的兵带走,离开了冯玉祥。梁漱溟并没有多说什么,但他讲这个事的意思很清楚,韩复榘之背叛冯玉祥实在也是事出有因,他也有尊严的。抗日战争爆发,韩复榘因为消极抗战被蒋介石枪毙,梁漱溟认为韩复榘只是一时没能把握好自己,他开始也是打算积极抗战的，但考虑到敌众我寡，强弱悬殊，想要保存自己的实力，便把部队往西部撤，一时私心作祟以致走上了不归路。

蔡元培

梁漱溟对蔡元培一生感激，多次撰文纪念他的这位老师与朋友，他说："蔡先生一生的成就，不在学问，不在事功，而只在开出一种风气，酿成一大潮流，影响到全国，收果于后世。这当然非他一人之力，而是运会来临，许多人都参与其间的。然而数起来，却必要以蔡先生居首。"在他看来，蔡元培之能开出新机运，实在于他的器局识见。除他之外，再无人能肩负此历史重任。他说："蔡先生能得政府和教育界的支持，蔡先生的资望品概能服人而已；更要紧的乃在蔡先生的器局识见，恰能胜任愉快。从世界大交通东西密接以来，国人注意西洋文化多在有形的实用的一面，而忽于其无形的超实用的地方。虽然关涉政治制度社会礼俗的，像是'自由''平等''民主'一类观念，后来亦经输入，仍不够深刻，仍没有探到文化的根本处。唯独蔡先生富于哲学兴趣，恰是游心乎无形的超实用的所在。讲到他的器局，他的识见，为人所不及，便从这里可见。因其器局大，识见远，所以对于主张不同、才品不同的种种人物，都能兼容并包，右援左引，盛极一时。后来其一种风气的开出，一大潮流的酿成，亦正孕育在此了。

"关于蔡先生兼容并包之量，时下论者多能言之。但我愿指出说明的：蔡先生除了他意识到办大学需要如此之外，更要紧的乃在他天性上具有多方面的爱好，极广博的兴趣。意识到此一需要而后兼容并包，不免是人为的（伪的）；天性上喜欢如此，方是自然的（真的）。有意地兼容并包是可学的，出于性情之自然是不可学的。有意兼容并包，不一定兼容并包得了。唯出于真爱好而后人家乃乐于为他所包容，而后尽复杂却维系得住。——这方是真器局，真度量。"

陈独秀与胡适

梁漱溟对陈独秀也很佩服，认为陈独秀是五四新文化运动中发生作用第一大的人，他说陈独秀虽然细行不检，予人口实，脾气又大，在校内得罪人不少，在校外引起的反对更多，但他"精辟廉悍，每发一论辟易千人。实在只有他才能掀起思想界的大波澜"。

梁漱溟认为胡适很浅，在新文化中有很大的贡献，早年他说五四新文化运动中打开局面的首先是陈独秀，其次是胡适、李大钊和鲁迅。说到胡适的浅，他有这样的话："胡适先生功劳很大，提倡语体文，促进新文化运动，这是他的功劳。他的才能是擅长官文章，讲演浅而明，对社会很有启发性。他的缺陷是不能深入，他写的《中国哲学史大纲》只有卷上，下卷就写不出来。"他晚年时校正了自己的观点，认为胡适对新文化的贡献并非像外界说的那么大。在他看来，五四新文化运动之能开出新机运，蔡元培厥功至伟，因为他的器局识见包容了各种不同的人才与观点，但真正在行动上创造了五四新文化局面的，贡献最大的除陈独秀外，其次就是李大钊和鲁迅。他说："作为新文化运动之灵魂的新人生、新思想，在胡适身上并不完备，真正对于旧社会、旧道德的勇猛进攻，并引发开展，进而引导先进青年大刀阔斧前进的，应首推陈独秀、李大钊、周树人诸君。胡适之先生后来与他们分道扬镳，是情理之中的。"

康有为

梁漱溟认为康有为思想方面有创新，但《大同书》里的理想使人好像会把一切希望都寄托在未来，反而把当前的事情看轻了，不能够好好地在当下用心。

梁漱溟很讨厌康有为，原因是什么呢？他在回答艾恺的采访时是这样说的："康有为他后来总是欺骗人，开头是很了不起嘛，倡导维新，他是维新运动的领袖，很了不起，很了不起。在当时呢，可以算得先知先行，那我们当然佩服、恭敬他。不过后来他老骗人，他尽说假话啊，一方面尽说假话，一方面自高自大，简直可以说要不得。"他在回答艾恺的采访时还说了康有为造假的两件事：一件是康有为把陕西卧龙寺的佛经据为己有，一件是想骗取余凡澄的名画。

梁启超

梁启超对梁漱溟的影响很大，他在梁漱溟还是一个默默无闻的少年时就折节下交梁漱溟，对梁漱溟极为尊敬，让梁漱溟终生感激。梁漱溟曾有专文纪念梁启超，他说："当任公先生全盛时代，广大社会俱感受他的启发，接受他的领导。其势力之普遍，为其前后同时任何人物——如康有为、严几道、章太炎、章行严、陈独秀、胡适之等等——所不及。我们简直没有看见过一个人可以发生像他那样广泛而有力的影响。康氏原为任公之师，任公原感受他的启发，接受他的领导。却是不数年间，任公的声光远出康氏之上，而掩盖了他。"时人对梁启超有这样的评价：其出现如长彗烛天，如琼花照世，不旋踵而光沉响绝，政治学术两界胥不发生绵续之影响——此正任公之特异处。对此梁漱溟表示同意，但对其特异处有所发挥："任公的特异处，在感应敏速，而能皇于外，传达给人。他对各种不同的思想学术极能吸收，最善发挥。但缺乏含蓄深厚之致，因而亦不能绵历久远。像是当下不为人所了解，历时愈久而价值愈见者，就不是他所有的事了。"在梁漱溟看来，梁启超"为人富于热情，亦就不免多欲。有些时天真烂漫，不失其赤子之心。其可爱在此，其伟大亦在此。然而缺乏定力，不够沉着，一生遂多失败"，所以其"一生成就，不在学术，不在事功，独在他迎接新世运，开出新潮流，撼动全国人心，达成历史上中国社会应有之一段转变"。

章行严

　　章行严（章士钊）对梁漱溟影响很大，早年的梁漱溟以报刊杂志作为自学的主要材料，这其中，对他影响最大的首推梁启超，其次就是章行严，所以梁漱溟对章行严之佩服尊重是不言自明的，但见面相识之后，他对章行严的印象有所打折。即便如此，他们的交往也从未间断过。晚年，梁漱溟对章行严有一段总论："章行严先生在学术界才思敏捷，冠绝一时；在时局政治上自具个性，却非有远见深谋。论人品不可菲薄，但多才多艺亦复多欲，细行不检，赌博、吸鸦片、嫖妓、蓄妾滕……非能束身自好者。每月用度不赀，率由其时其地秉政者供给之（如蒋介石、宋哲元、毛主席先后均曾供给)。"

晏阳初与陶行知

同为致力于乡村建设，力行于乡村教育领域，梁漱溟对晏阳初和陶行知的评价却有很大差别，这与他和两人的交往亲疏有关。对晏阳初，梁漱溟着眼于思想评价。他认为晏阳初缺乏哲学头脑，所以他的"平民教育"针对中国农民的四大毛病"贫、愚、弱、私"，实在是没有找对病根的做法，只能治标不能治本。梁漱溟认为中国农民的问题不是"贫"，而是"贫而越来越贫"，看不清这一点，就是浅。所以晏阳初与胡适如此看问题，那就是浅。梁漱溟与陶行知的交往复杂得多，他在搞乡村建设时，就跟陶行知借过将，他的两个儿子也跟着陶行知一起过了好多年，所以，梁漱溟对陶行知了解得多,他非常佩服陶行知,认为"他本是游学外洋回国后做大学教授的人,竟然脱去西装革履,投身乡村要和农民打成一堆,创办起晓庄乡村师范学校,志在以乡村小学为中心,推进广大社会的改造",实在是一般人所难及。他和艾恺谈起陶行知时居然连连慨叹道:"陶先生这个人好啊,就是好啊!"

黄炎培

梁漱溟与黄炎培同为中国民主政团同盟的发起人和领导者,抗战开始后,两人同为国民参议员,多有交往,抗战胜利后,两人也曾一起为了国内和平奔走调停。但梁漱溟其实对黄炎培没有什么好感。主要原因在于两人在发起组织民盟时,黄炎培因害怕得罪蒋介石而过于忧虑于自己一手创办的中华职业教育社的前途，不免瞻前顾后，有些滑头的举动。比如民盟的纲领本来是包括黄炎培在内的各民主党派商量好了的，可在即将发刊见报的时候，黄一定要修改，无非是为了保护自己的利益。再比如，梁漱溟受民盟各组织委托到香港主办其机关报《光明报》，黄炎培说好要拿多少资金出来的，结果到了要用钱的时候，他却没了下文。这使梁漱溟举步维艰，极为失望。他在和他的学生们谈起时，只用了一句话评价黄炎培——外圆内也圆。

卢作孚

卢作孚也是梁漱溟敬佩的人。他认为卢作孚与自己在精神上最是契合无间，所以，对于别人称赞卢作孚先生有过人的开创胆略，又具有杰出的组织管理才能,他虽认同,但更多的是强调卢作孚先生人品之高尚举世难得一见。在回忆卢作孚平生功绩时,他说作孚先生是民生轮船公司的创办人和领导者。他在当时的旧中国,内有军阀割据,外有帝国主义侵略的情况下,创办民族工业,迂回曲折,力抵于成,真可谓艰难创业,功在国家社会。不仅如此,作孚先生还热心致力于地方和农村建设事业。重庆北碚从匪盗猖獗、人民生命财产无保障、工农业生产落后的地区,变成生产发展、文教事业发达、环境优美的重要城镇甚至是重要的旅游区,就是他一手筹划和开创而发展起来的。他因此赞叹:"作孚先生是个杰出的实干家、事业家,是个精神志趣超旷不凡的人!"也许是如此赞叹不足以表达他对卢作孚的敬仰之情,他还专门写了《景仰故交卢作孚先生献词》以示郑重尊重,全文如下:

余得结交作孚先生在抗日战争军兴之后而慕名起敬则远在战前。忆我早年一次造谒周孝怀（善培）先生，曾闻周老赞誉作孚人品才能卓越不群，我既夙服膺周老，于老前辈之言固铭记在心不忘也。我入川抵渝后，又幸得作孚令弟子英之协助建起勉仁中学校于北碚。闲昆仲之为地方造福为人民服务者，固有目共睹、舆论共许，又不待我言之矣。民生轮船公司之创建暨抗战期间作孚先生所为种种奔走救济者，信乎劳苦功高。然而切莫误会他亦有个人英雄主义，相反地，作孚先生胸怀高旷，公而忘私，为而不有，庶几乎可比于古之贤哲焉。

张东荪与张君劢

张东荪和张君劢都是那个时代相当有造诣的哲学家，两人也有着相同的政治信仰，1949年以前，他们一直在一起致力于中国的民主政治建设事业。梁漱溟在自己的文章中还多次引用他们两人的文字，认为他们的确有自己的思想，但他对这两人的评价很有意思，他说张君劢这个人忠厚老实，但张东荪则喜欢取巧，很滑头。

熊十力

梁漱溟与熊十力因儒学相识相知，他们之间深厚的友谊维持了一生，梁漱溟晚年还专门花了相当的时间和精力来阅读评注熊十力的著作，并且为其摘要选辑重要的文字，可见熊十力在梁漱溟心中之地位，但梁漱溟与熊十力之间其实多有争执，晚年对熊十力更多有批判，且相当严厉。1922年，梁漱溟向蔡元培先生推荐熊十力到北大讲唯识论，结果梁漱溟后悔不迭，他说："岂知我设想者完全错了！错在我对熊先生缺乏认识。我自己小心谨慎，唯恐讲错了古人学问，乃去聘请内行专家；不料想熊先生是才气横溢的豪杰，虽从学于内学院而思想却不因袭之。一到北大讲课就标出《新唯识论》来，不守故常，恰恰大反乎我的本意。事情到此地步，我束手无计。好在蔡校长从来是兼容并包的，亦就相安下去。熊先生此时与南京支那内学院通讯中，竟然揭陈他的新论，立刻遭到驳斥。彼此论辩往复颇久，这里不加叙述。我自审无真知灼见，从来不敢赞一词。"后来他回忆与熊十力的交往，有这样一段话，亦可见他们之间实在是畏友："然而踪迹上四十年间虽少有别离，但由于先生与我彼此性格不同，虽同一倾心东方古人之学，而在治学谈学上却难契合无间。先生著作甚富，每出一书我必先睹。我读之，曾深深叹服，摘录为《熊著选粹》一册以示后学。但读后，心有不喟然者复甚多，感受殊不同。于是写出《读熊著各书书后》一文，缕缕陈其所见！"

最后，说到自己对熊十力的批评，充满了对学术公器的尊重之情。他说："熊先生精力壮盛时，不少传世之作。比及暮年则意气自雄，时有差错，藐视一切，不惜诋斥昔贤。例如《体用论》《明心篇》《乾坤演》，即其著笔行文的拖拉冗复，不即征见出思想意识的混乱支离乎。吾在《书后》一文中，分别的或致其诚服崇敬，又或指摘之，而慨叹其荒唐，要皆忠于学术也。学术天下公器，忠于学术即吾所以忠于先生。吾不敢有负于四十年交谊也。"很显然,他相信熊十力是理解他的。

（以上梁漱溟评同时代人的资料主要来自他的《忆往谈旧录》一书和他与艾恺的访谈《这个世界会好吗》）

评：梁漱溟对同时代人的评价，标准明显单一，基本上是以人格成就的高低予以褒贬，当然，他也会比较客观地肯定一个人在立功与立言方面的成就。于他而言，一个人的道德成就是最为重要的，其在立功与立言方面的成就也受制于其立德方面的成就，这是明显的儒家价值观。他用这一标准看人，有时的确很准确，比如他对蔡元培和梁启超的评价，但很多时候，不免予人以方枘圆凿之感。

从梁漱溟对他人的评价来看，他有一

段时间也明显放弃了其一贯的立场与观念，只能人云亦云。这段时期，应该是他生命下坠的时期，他的思想自尊丧失了，他的人格气象就不免阴霾晦暗。

当然，即使是在他思想自信的时候，他的评论对象如果是非儒家人士，那评价也不免捉襟见肘，可见他所信仰的思想观念的局限。梁漱溟论人的不准确、主观化，体现出他所信仰的儒家思想的特质，暴露出这一思想体系的逼仄封闭。遗憾的是，他终身都没能跳出这个封闭的体系，不能将他的思想提升到一个更为阔大圆融的境界。他一生最大的成就终究不是思想，而是人格与人生。

第七章

尾声

究元决疑生死以

梁漱溟的人生，是一部不屈不挠，勇往直前，不断追求人生向上的惊世大戏，是不折不扣的伟大传奇。他那些惊世骇俗的言论，特立独行的实践，鹤立鸡群的风骨，无不其来有自，源远流长贯穿他浩荡的人生。这才是他人生传奇最富魅力之处：他的人生是如此因缘相扣，一目了然，以至于让人难以相信，即使相信，也不得不承认，这是何其之难。也正是如此，人们更不愿费力费心去追索梁漱溟人生传奇的原因，宁愿目之以不可思议，解之以天命所归，命之以怪奇，从而饰之以遍身迷雾，降低了"传奇"的格调，实乃可叹。

梁漱溟的一生无非解决两大问题：人生问题与社会问题。这两大问题亦无非涉及三大领域：人与自然、人与社会、人与自身。他把这三大领域内的两种问题的发明发现与解决称之为人生向上，作为他一生的使命，孜孜不倦，努力完成。应当说，我们每个人无不应该如此，只是绝大部分人没能做一个人该做的事。吾友杨素瑶说，知难，行亦难，知行合一更难。而梁漱溟努力地知了，也行了，终其一生，他全部的努力不过是完成了做一个知行合一的人，这是他特异的地方。

梁漱溟真诚地说他一生都是问题中人，他拒绝学者、哲学家之类的头衔，谨慎自持地说自己勉强可算是一个有思想的行动者。这是百年来最具自知之明的自我评价。他思考分析这些问题，形成了其思想体系；他追求解决这些问题，促成了他的人格修炼与社会实践。梁漱溟的思想被后人称为新儒家思想，三大路向说是他的文化哲学；"身心"二分，"心"为主宰，"理性"为体，"本能""理智"为用，是他的文化心理学；民主、科学与儒学的复兴，是他对中国文化出路的选择；而乡村建设实践活动及其思想是他新儒学思想的实践与发展。他深知时代与人生的需要不可僭越代置，所以，他内心最为完善的人生境界虽是佛家人生境界，但他理性地将之一分为二，以佛家法门修炼其个体生命，以儒家法门完成其社会生命。折中行为里有大爱存焉。

梁漱溟的思想是对问题的发现发明与理论解决

方案,是他人生实践的纲要,二者不可分离。为了追求人生向上,他从无一日中断过人格修炼,亦从无一刻停止过社会实践。当然,一个人的思想总是有限度的,对于一个把思想作为生命实践的人而言,倘对其思想过于自信,不能时时自外而内审视其思想,吸纳宏大宇宙的无穷新见成识,尊重复杂流变的社会现实,其思想的限度就会成为其人生实践的短板。有人也许奇怪,梁漱溟是一个时时自我反省的人,何以会无法超出儒家思想的局囿而汇通中西百家思潮呢?要知他是有这个天赋的啊!的确是这样的,问题在于,梁漱溟的反省一则主要是人格向上的反省,大多限于人格修炼与人际交往的范畴;二则他是以自身所有的儒家思想作为反省的武器,不可能发现其儒家思想本身的缺陷。我甚至认为,他通过不断反省使自己的人格成就达到了少有的境界,但这个境界越高,就使他越不能察觉其儒家思想的局囿,越想把其他一切他所接触的思想理论工具化、资源化以佐证自身理论的正确。这一方面导致他思想在体系化的同时也封闭化了;另一方面则使他的社会认知具有明显的意图伦理特征,凡不合于其思想理论的社会现实,或被排除屏蔽,或扭曲改造以适应其理论解说。梁漱溟在年轻的时候就意识到了迷信实用主义思想的危害,他将之归罪于他的父亲,其实,他一生都没能摆脱实用主义思想,只是我认为这并非他父亲的影响,而是他对于自身思想的过于自信。实用主义在早年成全了他吸纳新知汇通现实,从而得以建构起他的思想体系,但在晚年却使他因保守自信于他的思想,而致使他的言行多有可商榷之处,只不过如我们所见的,多被他高超的人格境界与骨气风采遮蔽了。事实上,我还认为,这种人格境界与骨气风采不独遮蔽了他人对梁漱溟的认知，其实也遮蔽了梁漱溟对自我与世界的认知。梁漱溟一生都以为自己是个体独立自尊的，这是诚然的。却不知他的这种个体独立自尊是圣凡贤愚等级比照之下的个体独立自尊，而非平等众生之中的独立自尊，这使他终究没能基于平等情怀产生对西方个人主义更为深刻的认知，并进而产生对整体西方文化的更周全的认知，因而也就无法突破自身思想的封闭城墙，也就没有办法如牟宗三先生所言，产生综合的贯通的立体的文化意识。我常常想，梁漱溟这一生若是有机会到西方各国走一走，也许他的思想不会停留在现在的层次吧？当然，尽管人生不可假设，我还是要说，梁漱溟求仁得仁，他孜孜以求解决人生问题，以产生于问题意识的思想指导自身的生命实践，终身不怠。最终，他完成了自己，也在一定程度和范围内成全了他人与社会，成为我民族历史上少有的真正知行合一者，抵达了我国人千百年来一直传诵不绝的圣贤境界。

我因此坚信，这本小书尽管目的是为了破解梁漱溟的传奇，还原他作为一个凡人的真相，却是为了我们后继者能客观真实地认识梁漱溟，理性清明地继承他的人格与思想遗产，从而使我们能站在梁漱溟的肩膀上更好地追求人生向上。我相信，这也是梁漱溟的心愿！

所以，我得强调，当扒开那些历史的尘埃与传奇的绘饰，我们看到梁漱溟许多浅显固执、自以为是，甚至有时不免荒谬之处时，请给予他历史的同情与尊重。毕竟，在人性沦陷的百年世代里，他是一个人，他完成了做一个人，这足使他远远超出了他的时代，这已经够了。

1988年，梁漱溟辞世，他最后的一句话是：

"我太累了，我要休息了！"的确，他太累了，他孜孜不倦地思考了一生，也殚精竭虑地实践了一生，他没有片刻停顿地追求了一辈子，成也好败也好，都交给后人评说吧，没有人是完人。他的父亲梁济在临死前问他，这个世界会好吗？他回答说，我相信这个世界是一天天往好里去的。在他生前，他是这样看待的，他也认为自己的一生献给了"这一天天往好里去的世界"，这世界向上的趋势里有他的努力与心血。更何况，人生向上并不能以成败来衡量。因此，让他休息吧，他这不息追求人生完善与社会美好的一生可谓无憾了。当然，在梁漱溟看来，死亡并不是一切的休止，生命是一个永不止歇的过程，还会重来。

后　记

自 19 世纪 40 年代以降，中华民族内忧外患，于是王朝板荡，天下分崩离析，漫远千年之文化道统一蹶不振，潜承久远之民气族魂奄奄待续。值此天翻地覆之际，黎民百姓隐忍流离于水火，志士仁人奔走寻路于江湖。

梁漱溟生于甲午海战国耻年的前一年，成长于忧国忧民传承之家，寻路中国、复兴文化，几乎是他的宿命。

纵观梁漱溟一生，他不仅为中国寻路，更为人类寻路；不但以复兴中华民族传统文化为己任，更胸怀广阔，以全人类完美生活为追求。他意志坚定，思虑周全，深浸于时代，又不为时代裹挟；广泛学习时贤大拿，又总能以自身理性为皈依。他以此铸就了自己气象万千、特立独行的生命丰碑：他为孔了说法，却深知西方文明之组织生活与科技文明必须为我族所用；他心仪佛学，却深知用世之心、进取之志才是我族寻路锋刃；他少年得志，名满京华，却断然辞去北大教职，筚路蓝缕投身开拓乡村建设运动；他书生意气，却敢于九死一生出入抗日前线；他以文化创造为务，却多次周旋于党争政协；他身陷噩运，时有惊世骇俗之论；他以文章名世，奠新儒学百代之基，却拒不接受学者、哲学家之头衔；他一生多不可思议之处,只说自己是为解决人生问题而活,简单明确,并无任何玄虚……他就这样纯粹地活着,成全了自己。

小馬过河

有 态 度 的 阅 读

微　博　小马BOOK	抖音　小马文化	全案营销　小马青橙工作室
公众号　小马文艺	淘宝　小马过河图书自营店	
小红书　小马book	微店　小马过河图书自营店	投稿邮箱　xiaomatougao@163.com

图书在版编目（CIP）数据

传奇如谜 / 梁卫星著 . -- 北京：华龄出版社，2024.3
ISBN 978-7-5169-2730-4

Ⅰ . ①传⋯ Ⅱ . ①梁⋯ Ⅲ . ①梁漱溟（1893-1988）—传记 Ⅳ . ① K825.4

中国国家版本馆 CIP 数据核字（2024）第 055941 号

传奇如谜

作　　　者	梁卫星
出版策划	冀　晖
责任编辑	李梦娇
责任印制	李未圻
策划监制	小马 BOOK
内文制作	刘龄蔓

出版发行	华龄出版社 HUALING PRESS
社址	北京市东城区安定门外大街甲 57 号
邮编	100011
发行	010-58122255
传真	010-84049572
承印	定州启航印刷有限公司
版次	2024 年 5 月第 1 版
印次	2024 年 5 月第 1 次印刷
规格	787mm × 1092mm
开本	1/32
印张	9
字数	110 千字
书号	ISBN 978-7-5169-2730-4
定价	58.00 元

版权所有　翻印必究

本书如有破损、缺页、装订错误，请与本社联系调换